ALL ABOUT HISTORY 萤火虫 058

历史上著名的
101座城堡

101 WORLD'S
GREATEST CASTLES

[英]
凯瑟琳·马什
编著

张莉
译

中国画报出版社·北京

图书在版编目（CIP）数据

历史上著名的101座城堡 /（英）凯瑟琳·马什编著；张莉译. -- 北京：中国画报出版社, 2025.5. --（萤火虫书系）. -- ISBN 978-7-5146-2481-6

Ⅰ. K916-49

中国国家版本馆CIP数据核字第2025A9D320号

Articles in this issue are translated or reproduced from All About History 101 World's Greatest Castles First Edition and are the copyright of or licensed to Future Publishing Limited, a Future plc group company, UK 2019.

北京市版权局著作权合同登记号：01-2024-5809

历史上著名的101座城堡

[英]凯瑟琳·马什 编著　张莉 译

出 版 人：方允仲
责任编辑：李　媛
内文排版：赵艳超
责任印制：焦　洋

出版发行　中国画报出版社
地　　址　中国北京市海淀区车公庄西路33号　邮　编　100048
发 行 部　010-88417418　010-68414683（传真）
总编室兼传真：010-88417359　版权部：010-88417359

开　　本：16开（787mm×1092mm）
印　　张：14
字　　数：208千字
版　　次：2025年5月第1版　2025年5月第1次印刷
印　　刷：北京汇瑞嘉合文化发展有限公司
书　　号：ISBN 978-7-5146-2481-6
定　　价：76.00元

几乎每个人都喜欢城堡，数百年的历史被浓缩在一座座城堡中，每一座都独一无二。有些城堡为贵胄所有，另一些则归王室所有。有些城堡曾是监狱，关押着臭名昭著的囚犯，而另一些则是豪宅，拥有美丽的宴会厅和卧室。所有这些都令人着迷。

在《历史上著名的101座城堡》中，我们将揭开世界各地古堡的神秘面纱。从南非到日本，从法国到罗马尼亚，让我们一起走进防御工事，去探寻德古拉居所和温莎家族背后的真实故事，与"闹鬼"城堡中的"幽灵"相逢，在历史上最具标志性的建筑大厅中漫步……

目 录

006 新天鹅堡
探寻路德维希二世的童话之作

022 创造历史的城堡
发现那些改变世界的建筑

034 德哈尔古堡
走进荷兰的一段历史

036 腓特烈堡城堡
探索丹麦的皇家乐园

050 阿格拉城堡
前往印度，莫卧儿帝国的中心

052 日本城堡
揭秘日本最美的七座城堡

062 爱丁堡城堡
这座城堡是如何在战争中坚守的

076 高地城堡
绝美风光中令人惊艳的城堡

082 都柏林城堡
探索爱尔兰首都的传奇往事

084 温莎城堡
步入女王的王室居所

094 多佛城堡
深入英国第一道防线的地下之旅

096 "闹鬼"的城堡
诡异之地遇见"幽灵"

113 莫里茨堡
撒克逊人的奇迹

126 法国城堡
惊叹于法式建筑之美

140 西庸城堡
日内瓦湖畔的壮丽城堡

142 俄罗斯城堡
帝俄时代的高光时刻

148 塞哥维亚城堡
探寻西班牙的独特历史

160 匈牙利城堡
四次不可错过的时光倒流的机会

164 布兰城堡
走近德古拉故居的灵感源泉

172 非洲城堡
六个非洲要塞在等候您

178 瓦维尔城堡
揭开波兰的历史和遗产

192 十字军城堡
通过堡垒描绘十字军的过去

198 格里普斯霍尔姆城堡
瑞典最伟大的城堡之一

204 意大利城堡
探索意大利的七座城堡

212 霍恩沃芬城堡
揭开其动荡的过去

214 在废墟中漫步
游览世界各地的城堡遗迹

01

新天鹅堡

作为逃避宫廷压力的地方,这座美丽的城堡敲响了巴伐利亚国王路德维希二世的丧钟

巴伐利亚
德国

菲莉帕·格里夫顿

郁郁葱葱的绿林、宁静如画的湖泊以及巴伐利亚阿尔卑斯山脉白雪皑皑的山峰所环抱的，就是新天鹅堡。这里曾是一位因精神错乱而无法执政的国王梦幻般的隐居之所，如今它已成为欧洲最受欢迎的旅游目的地之一。

新天鹅堡由巴伐利亚国王路德维希二世建造，这里不仅是王室财富的炫耀，更是国王远离宫廷生活的圣地，为他提供了愉快的休憩空间。这个远离首都的避风港是路德维希二世的挚爱之作，他在设计和装饰中融入了中世纪的传说和传统。然而，尽管路德维希为新天鹅堡倾注了毕生的心血和努力，但这座城堡却给他带来了不幸——不断攀升的成本和永无止境的建设最后导致国王下台并最终殒命。

1845年8月25日，路德维希二世出生于慕尼黑的尼姆芬堡宫（Nymphenburg Palace），是巴伐利亚王位继承人马克西米利安的第一个儿子。在儿子出生三年后，马克西米利安在其父退位后被加冕为国王，而路德维希则成为王储。在路德维希整个青少年时期，他的王室身份伴随着他的成长：他娇生惯养，但同时被剥夺了其他孩子那样的自由。这种被束缚的童年使他与父母关系疏远、缺乏亲情——在后来的生活中，他将母亲称为"前朝后妃"。

路德维希与父母的感情也许并不深厚，但他却与祖父，那个古怪且风流的路德维希一世有着极为密切的关系。除了同名同姓之外，两位路德维希还拥有相同的生日，而且同样热衷于文化。前国王热爱艺术和诗歌，准国王则开始了他对建筑的毕生热爱。

王储童年的大部分时光都是在父亲的城堡霍恩施旺高（Hohenschwangau，即高天鹅堡或旧天鹅堡）里度过的，这里靠近奥地利边境，规模不大，却是一座梦幻般的建筑。城堡装饰着日耳曼的传奇故事，俯瞰着风景和施万湖（Schwansee）——在英语中被称为天鹅湖。正是在霍恩施旺高，路德维希第一次见到了这座破败的堡垒，他将在这里建造新天鹅堡，他童话城堡的梦想在近30年后终于成真了。

当路德维希发现了理查德·瓦格纳的作品后，他的梦想很快发生了转向。15岁时，路德维希在慕尼黑第一次看了瓦格纳

▲ 路德维希二世，照片摄于1874年。他身材高大修长，被认为是一位非常英俊的王子

票价[①]

成人 13 欧元；儿童免费

开放时间

4月—10月15日 上午9时—下午6时；
10月16日—次年3月 上午10时—下午4时

---
① 全书票价、开放时间等信息供参考。具体最新信息请查询相关网站。

▲ 路德维希在建筑师爱德华·里德尔（Edward Riedel）和舞台设计师克里斯蒂安·扬克（Christian Jank）的帮助下规划了城堡的建筑格局

的歌剧《罗恩格林》(Lohengrin)，他如痴如醉。那一年晚些时候，他又观看了《泰恩豪瑟》(Tännhauser)。从此，他对这位作曲家及其作品迸发出终生不渝的热情。路德维希誓言，他当上巴伐利亚国王之后要做的第一件事就是召见这位作曲家。

三年后，年仅18岁的路德维希就实现了自己的愿望。1864年3月10日，父亲突然去世，年轻的王子被推上王位，加冕为巴伐利亚国王路德维希二世。这位新君主虽然因其魅力和英俊而深受人民欢迎，可是当涉及权力和政治时，路德维希却显得力不从心。路德维希当上国王后做的第一件事，就是如约召瓦格纳入宫，帮他解决了巨额债务，并上演了他的几部歌剧。1865年6月，《特里斯坦与伊索尔德》(Tristan and Isolde)在慕尼黑首演，但到了12月，瓦格纳与政府发生冲突后被迫逃离巴伐利亚。路德维希悲痛欲绝，他原本打算退位，直到瓦格纳说服他留下来。

瓦格纳的影响力远不止是说服国王保住王位。路德维希将新天鹅堡献给了他的朋友，城堡的每个房间都装饰着传奇故事，它们是瓦格纳一些最著名歌剧的灵感来源。例如，路德维希卧室的墙壁上悬挂着《特里斯坦与伊索尔德》的传奇故事，而歌手大厅里则摆满了1882年的歌剧《帕西法尔》(Parsifal)相关作品。与此同时，客厅里展示的是路德维希最认同的角色：天鹅骑士罗恩格林。然而，令人遗憾的是，瓦格纳在1883年2月死于心脏病发作，未能亲眼见到竣工的城堡。

路德维希从登基之初就一直过着隐居生活。他厌恶正式活动、公共活动和宴会，更喜欢全神贯注于自己的创意项目。1868年，路德维希一世去世，其拥有的财富最终归自己的孙子所有。同年，路德维希二世委托瓦格纳的舞台设计师克里斯蒂安·扬克为新天鹅堡和海伦基姆湖

约1882年
彼时 & 现在

▶路德维希二世于1883年购买了法尔肯斯坦城堡，但在拆除原建筑之前他就去世了

不朽的城堡

新天鹅堡即将完工，路德维希二世将目光转向了新的圣殿

新天鹅堡是路德维希二世的得意之作，但高耸入云的塔楼和阿尔卑斯山的环境却让国王大失所望。相反，他开始筹划建造一个全新的梦幻度假地以满足自己的愿望，即建造一座雄伟壮观的城堡，俯瞰自己的土地。

法尔肯斯坦城堡（Falkenstein Castle）的遗址距离富森（Füssen）仅仅20公里，为路德维希宏伟城堡的构想提供了绝佳位置。1883年，路德维希买下了这座城堡，打算拆除它，并用他的新童话城堡取而代之。他委托新天鹅堡的概念艺术家兼舞台设计师克里斯蒂安·扬克设计其建筑。扬克带来了一座阴森森的高哥特式宫殿，有塔楼、角楼和陡峭的屋顶。然而，路德维希却认为他的设计过于低调，于是重新委托马克斯·舒尔茨（Max Schultze）设计了城堡的外观和内部。

1885年，修建了通往城堡的道路并铺设了供水线路。但悲剧再次发生，舒尔茨辞去了职务，法尔肯斯坦的设计被再次移交。这一次，建筑师朱利叶斯·霍夫曼（Julius Hoffmann）和尤金·德洛林格（Eugen Drollinger）接手了此项工作。他们的设计既令人叹为观止，又充满了理想主义：这正符合路德维希的期望。然而，1886年国王英年早逝后，所有关于法尔肯斯坦的概念和建设工作陷入停顿，再也没有继续下去。这座始自13世纪的遗址保留至今。

（Herrenchiemsee）城堡设计概念图。一年后，新天鹅堡奠基，之前矗立在原地的废墟被拆除。新天鹅堡的工程一直持续到路德维希二世去世之后，不过他在世时至少看到了自己的一件作品完工。

林德霍夫（Linderhof）宫于1878年竣工，总造价约为850万马克。随后路德维希开始在海伦基姆湖打造他的凡尔赛宫。到他去世时，这一复刻品只有中心部分完工，但成本却已飙升至1600多万马克。它至今仍未完工。路德维希参与了宫殿建造的每一个阶段——从概念到完工——每座宫殿的设计都出自国王本人之手。

他的隐居令政府不满，他在大臣中也极不受欢迎，但他却始终得到臣民的拥戴。

国王经常遍访国内，与当地人交谈，善待他们的热情好客。1871年德意志统一后，路德维希的隐居性格变得越发突出。新天鹅堡的工程已经开启，它很快就成为国王引以为豪且怡然自乐之作。作为梦想家，他找到了一种实现自己梦想的方式，这种方式可以让他逃避宪法赋予他的职责。虽然墙壁上装饰着给瓦格纳歌剧带来灵感的传奇故事，但这座城堡既是路德维希神圣统治权的宣言，也是对国王最亲密朋友的一种赞美。

城堡中最大的两个"国事厅"——王座厅和歌手大厅是路德维希二世的最爱，这两个房间都不是用来接待客人的，有着完全不同的用途。王座厅采用拜占庭教堂

▲ 国王路德维希二世会见俄国沙皇亚历山大二世及其他贵宾

▲ 路德维希二世生前,新天鹅堡内部未对外开放过

风格的华丽装饰,体现出路德维希对上帝赐予的王权的信仰,而歌手大厅则用来纪念中世纪的传奇故事,这些故事深深激发了瓦格纳的创作灵感。同样,路德维希私人寓所的每个房间也都装饰着壁画。

除了对路德维希二世和他的仆人之外,新天鹅堡的内部从未对外开放过。这里从未邀请过宾客,更不用说举办宴会或宫廷活动了。城堡的大小只够路德维希和他的臣仆们使用——只够容纳国王的起居室、国事厅和仆人区。从外观上看,它是国王权力和地位的奢华象征。

面对改革后的国家和被削弱的权力,路德维希二世几乎完全退出了宫廷生活。

虽然城堡的外观是中世纪风格，但内部却是当时最先进的

▲ 餐厅安装了电梯，可以更快地运送食物

尽管耗资巨大，但新天鹅堡在十多年来提供了该地区的主要就业岗位，建造这座高耸入云的城堡需要能干的人。每次施工通常需要200人，但如果工期特别紧，还会额外再召来100人，有时为了实现目标会通宵达旦地工作——这个工人数量还不包括制作石材、大理石或木材的专业工匠。路德维希展现出后世才有的同情心和人道精神，他为工人购买保险，并为在施工过程中伤亡的为数不多的工人提供丰厚的抚恤金（值得注意的是，名单上只有30人）。

除了需要身强力壮的工人来建造建筑外观之外，城堡还有一些非常新颖的功能需要技术熟练的工人。城堡的外观是中世纪的，但其先进的功能却使它成为当时最现代化的城堡之一。水源来自城堡上方仅200米处的一个泉眼，它为城堡提供了自来水。厨房里配有冷水和热水龙头，而浴室则配备了城堡中第一个自动冲水马桶。

创新并不局限于用水系统。城堡住宅区所有房间都安装了中央供暖系统，两层楼里安装了电话。厨房位于一楼，餐厅在三楼，厨房里配有保温板、烤箱和鱼缸等最先进的设备。为了更方便地为国王送餐，还安装了一部电梯，而整个城堡的电铃系统则意味着路德维希二世可以随时召唤他的仆人。

不过，所有这些创新都需要资金。新天鹅堡和路德维希的其他宫殿最初预计耗资320万马克，但所需资金很快失控。国王自掏腰包为自己的创意作品买单，但很快就捉襟见肘，拿不出钱了。他开始借钱继续施工。到1883年，他欠债700万马克。路德维希威胁说，如果他的宫殿被没收，他就自杀。他想方设法继续建造新天鹅堡，工程费用迅速上升到620万马克。

他的资金可能并非来自政府国库，但他的过度消费却令政客们痛心疾首。尽管新天鹅堡的建造者已经破产，但工程却仍在继续，政府内部的不满情绪与日俱增。引起他们不满的不仅仅是过度消费。在新德国统治下，巴伐利亚失去独立，与其他地区统一，这让路德维希深受打击。1871年，他公开反对威廉一世加冕为帝，拒绝出席加冕典礼，并派自己的弟弟和叔叔代

▲ 整座城堡的每个房间都挂满了向瓦格纳致敬的作品

▲ 奥古斯特·冯·赫克尔在新天鹅堡墙上的画作《罗恩格林抵达安特卫普》

为参加。面对改革后的国家和被削弱的权力，他几乎完全退出了宫廷生活。

巴伐利亚的政客们千方百计要罢黜这位隐居的国王。1884年，路德维希搬进了仍未完工的新天鹅堡，此前他买下了另一处废墟，准备再建一座城堡。路德维希的挥霍无度被认为是他执政无能的表现，因此，1886年路德维希二世被宣布精神失常，不适合执政。1886年6月12日凌晨，一个委员会奉命将路德维希从新天鹅堡转移到贝格（Berg）城堡。第二天晚上10点30分，人们发现巴伐利亚的路德维希二世和他的精神病医生伯恩哈德·冯·古登（Bernhard von Gudden）的尸体漂浮在附近的湖里。这位富有远见的国王死了，他曾创造了巴伐利亚建筑杰作。

路德维希二世生前明令禁止任何人进入新天鹅堡——这是他作为国王逃避宫廷

要求的私人寓所。新天鹅堡的房间纯粹是装饰性的，是路德维希王权戏剧最后一幕的真实舞台。随着路德维希的一生落幕，他的家人简化了新天鹅堡的设计，匆忙完工，并向公众开放城堡，试图收回路德维希在建造王室隐居地过程中欠下的巨额债务。城堡规划的200个房间中，只有14个彻底完工。

新天鹅堡绝不是国王耗资最多的项目——这一"殊荣"落到了海伦基姆湖城堡的头上——但它却是国王现有建筑中最奢华的一座，成千上万的观众蜂拥而至，一睹其壮观的大门，品味巴伐利亚国王的圣地。

▲ 王座厅装饰华丽，具有拜占庭教堂风格

路德维希二世的神秘之死

前检察官和犯罪史学家安·玛丽·阿克曼对路德维希二世之死的思考

就在路德维希二世被宣布为精神失常几天后，人们发现他和他的精神科医生的尸体漂浮在施塔恩贝格湖（Lake Starnberg）边的水面上。美国检察官和犯罪史学家安·玛丽·阿克曼解释了为什么路德维希之死至今仍让专家们众说纷纭。

路德维希之死有什么神秘之处？他的尸体是怎么被发现的？

因为没有人目睹两人的意外死亡，所以路德维希的死因至今仍是个谜。巴伐利亚刚刚以精神失常为由废黜了路德维希二世，并将他囚禁在施塔恩贝格湖畔的一座城堡里。他和他的精神科医生沿着湖边散步。他们再也没有回来。几小时后，搜救队在浅水区发现了他们漂浮的尸体。虽然宪兵在公园巡逻，但却没有人看到或听到什么。

有哪些推测？

政府的说法是自杀。路德维希因失去王冠而感到绝望，要投湖自尽。精神科医生尾随其后阻止了他。路德维希更年轻力壮，制服了医生并杀死了他，然后自己溺水而亡。

有些巴伐利亚人认为路德维希是被谋杀的。要么是有人密谋要除掉他，要么是路德维希在试图逃跑时被枪杀。这两人可能怀着上述某种动机下水，但随后死于心脏病发作。

有没有证据可以证明这些推测？

证据模棱两可，这也正是此案令人捉摸不透之处。事实在各种推测之间起着平衡的作用，所以即使在今天，专家们也持不同意见。路德维希的尸检没有揭示死因。他的肺部没有进水，医生身上也找不到致命伤。没有对精神科医生进行尸检。检查湖床时发现了几组脚印，其中一些脚印表明有两个人搏斗过，但对脚印的解释可能并不可靠。路德维希死亡的当晚，一场风暴席卷了施塔恩贝格湖，因此波浪可能会冲走其他证据。

奇怪的是，精神科医生的怀表比路德维希的表慢了72分钟。是其中一只表太快抑或是太慢？是医生的表更防水吗？还是医生在72分钟后才死亡，与官方的推测相矛盾？即使在今天，专家们也各持己见。一些证据表明，搜索队被要求宣誓保密，这表明存在阴谋，如果这是真的，那么其他证据可能就是伪造的。

你觉得发生了什么事？

我感觉可疑。溺水者通常会沉入水底，尤其是像这两个人这样衣着整齐。干性淹溺——在肺部没有进水的情况下窒息而亡——虽然有可能发生，但极为罕见。

▲ 一张明信片，描绘了路德维希二世神秘死亡前的关键时刻

▶盟军士兵与战争期间被掠夺并存放在新天鹅堡的艺术品合影

战时的童话城堡

"二战"期间,随着国家的崩溃,新天鹅堡成为纳粹德国的文化中心

1945年第二次世界大战结束本应是新天鹅堡的末日。这里到处都是掠夺来的艺术品和纳粹战利品,它不仅仅是一个藏匿赃物的地方,还是纳粹罗森伯格特别行动组①(Einsatzstab Reichsleiter Rosenberg,ERR)的活动中心。

众所周知,罗森伯格特别行动组负责追查和没收犹太遗产中的珍贵书籍、艺术品和文化物品。其最终目的是在奥地利林茨建立希特勒梦寐以求的"元首博物馆"(Führermuseum),收藏通过没收、盗窃和收购获得的艺术品。为了对抗罗森伯格特别行动组,盟军设立了纪念碑、美术和档案项目。在这面旗帜下工作的人被称为"文物保护者"。

从1943年起,400多名"文物保护者"肩负起保护文化财产和修复被纳粹掠夺的重要文物的责任。

新天鹅堡远离柏林,也远离有可能遭到轰炸的大城市,是存放赃物的绝佳地点。不过,纳粹输掉了这场战争,1945年4月,一名党卫军组长接到命令,要炸毁这座城堡,不能让它落入盟军之手。这位党卫军组长肯定比他的上司更懂文化,他选择将城堡及其内部的物品交还给盟军"文物保护者"。

好在炸毁新天鹅堡的计划从未实现。这里不仅是巴伐利亚的文化象征,也是收藏战利品最多的地方之一,里面共有6000多件物品。

---

① 罗森伯格特别行动组是一个纳粹党组织,致力于在第二次世界大战期间侵占文化财产。1940—1945年,其在法国、荷兰、比利时、波兰、立陶宛、拉脱维亚、爱沙尼亚、希腊、意大利以及苏联境内的东部总督辖区和乌克兰总督辖区开展活动。战后,大部分被掠夺的物资被盟军收回,并归还给合法所有者,但仍有很大一部分已经丢失或留在盟军手中。

创造历史的城堡

发现历史上一些著名君主在建筑设计上最辉煌的成就

菲莉帕·格里夫顿

伦敦塔

伦敦，英格兰

提起伦敦塔，人们脑海中浮现的可能是几个世纪以来发生的谋杀、监禁和可怕的酷刑，但在其灰暗的历史之前，伦敦塔曾是英格兰中世纪早期一些国王的居所。然而，从1100年到1952年，这里一直被用作监狱。

伦敦塔因其在英格兰王室历史中的地位而闻名于世，其中包括两位年轻王子的

票价
成人 24.70 英镑；优惠价 19.30 英镑

开放时间
全年时间不同

失踪，他们是英格兰的爱德华五世和约克公爵什鲁斯伯里（Shrewsbury）的理查德。这两个男孩是已故爱德华四世的儿子，12岁的长子爱德华被加冕为国王，他们的叔叔格洛斯特（Gloucester）公爵理查德被任命为保护人。但格洛斯特公爵理查德却声称他们是私生子，因为他们的父亲在娶他们的母亲伊丽莎白·伍德维尔（Elizabeth Woodville）之前已经与另一个女人订婚。两个男孩被带到伦敦塔里生活，从此人间蒸发，再也没人见过他们。

几个世纪以来，伦敦作为英格兰和英国的首都一直在蓬勃发展。这座城市的经济和文化繁荣昌盛，林立的城堡、宫殿和大教堂占据了辉煌的天际线。然而，这里在文明的面具下却隐藏着一个肮脏的秘密，伦敦塔就是这座城市最黑暗一面的发源地。

伦敦塔最初是王室宅邸，后来不断变化，曾是住宅、要塞、动物园、宝库，最著名的是监狱。从12世纪一直到20世纪，王子和贫民都曾被囚禁在伦敦塔里。最有名的是伊丽莎白公主（后来的女王伊丽莎白一世），她因涉嫌参与1554年反对玛丽女王的怀亚特叛乱而被监禁和审讯。她冷静的头脑和敏锐的智慧使她安然无恙地离开了伦敦塔。事实上，伦敦塔直到1952年才不再是监狱，因为臭名昭著的克雷双胞胎（Kray Twins）被关进了监狱。罗尼（Ronnie）和雷吉（Reggie）因逃避兵役的企图被挫败而被关押在伦敦塔，后来获释，不久便开始了他们臭名昭著的犯罪生涯。

然而，并非所有囚犯都能幸运地离开伦敦塔。处决司空见惯，公开处决在塔山（Tower Hill）进行，而私人和贵族处

▲ 安妮·博林被国王指控犯有叛国罪和乱伦罪，于1536年被斩首

▲ 亨利八世那些倒霉的朋友和敌人经常在伦敦塔被处死

▲ 伊丽莎白公主被指控密谋反对玛丽女王，于1554年被囚禁在伦敦塔

▲ 理查三世常被指控谋杀了伦敦塔里的王子们，但还有其他可能的行凶者

▲ 伦敦塔里存放着英国王室的王冠珠宝，因此该建筑群戒备森严

决则在绿地进行。安妮·博林的处决可能是伦敦塔最著名的处决，但还有一大批知名人物被斩首，包括简·格雷夫人（Lady Jane Grey）、托马斯·莫尔爵士（Sir Thomas Moore）、凯瑟琳·霍华德（Catherine Howard）和詹姆斯·斯科特（James Scott，国王查理二世的私生子）。即使进入20世纪，处决仍在继续。第一次世界大战和第二次世界大战期间，德国间谍和士兵都是在伦敦塔被行刑队枪决的。

可悲的是，伦敦塔曾用于更邪恶的行为。严刑拷打是从囚犯口中套取信息的常用手段，伦敦塔里也曾热衷于此。最有名的是，1605年盖伊·福克斯（Guy Fawkes）被带到伦敦塔，他因参与火药阴谋而遭受酷刑。其他酷刑手段还有"清道

▲ 布拉德上校（Colonel Blood）偷窃王冠失败的场景再现

▲ 伦敦塔内还有皇家军械库，里面存放着亨利八世的盔甲。

夫的女儿"——一种呈"A"形设置的刑具，分别套住受刑者的头和四肢，慢慢地扭曲和挤压其身体。

　　伦敦塔也被认为是英国闹鬼最多的地方，传说被处决者的灵魂在塔内游荡，为他们在捕获者手中所遭受的酷刑寻求正义。

▲ 伦敦塔内中世纪宫殿修复后，爱德华一世卧室复原图

绿塔
亨利八世的两位妻子——安妮·博林和凯瑟琳·霍华德——以及简·格雷夫人都是在这里搭建的绞刑架上被处决的。在塔内执行死刑，远离围观人群，是为那些位高权重或拥有极强民意支持的人保留的特权。

王后宅邸
这座半木结构的房屋建于亨利八世统治时期。据说最初的房子是为安妮·博林建造的，她在加冕前曾住在这里，具有讽刺意味的是，她在被处死前也住在这里。

钟楼
钟楼顶部有一个小小的木制塔楼，里面有宵禁钟。它被用作警报器，还有通知囚犯返回牢房的功能。伊丽莎白一世曾被她的姐姐玛丽一世囚禁在这里，因为她涉嫌参与叛乱。

叛徒之门
囚犯由驳船沿泰晤士河送往伦敦塔，途经伦敦桥下，在那里，最近被处决的囚犯的头颅被悬挂在长矛上。囚犯会由这道门进入伦敦塔。

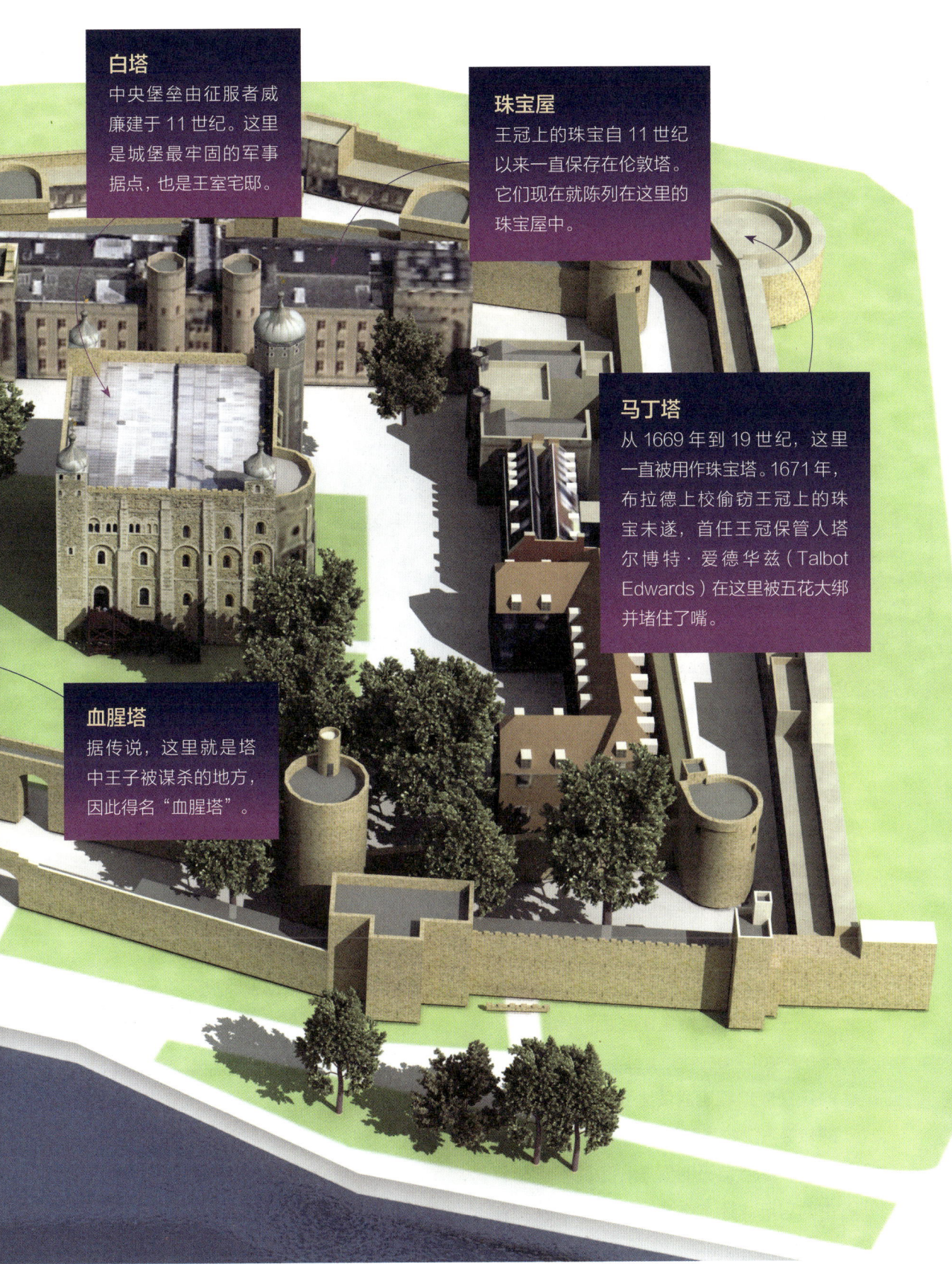

白塔
中央堡垒由征服者威廉建于11世纪。这里是城堡最牢固的军事据点,也是王室宅邸。

珠宝屋
王冠上的珠宝自11世纪以来一直保存在伦敦塔。它们现在就陈列在这里的珠宝屋中。

马丁塔
从1669年到19世纪,这里一直被用作珠宝塔。1671年,布拉德上校偷窃王冠上的珠宝未遂,首任王冠保管人塔尔博特·爱德华兹(Talbot Edwards)在这里被五花大绑并堵住了嘴。

血腥塔
据传说,这里就是塔中王子被谋杀的地方,因此得名"血腥塔"。

03 法西尔盖比城堡

贡德尔，埃塞俄比亚

说到皇家宫殿，你可能不会想到埃塞俄比亚，但法西尔盖比城堡却是世界上最好的堡垒城市之一，并被联合国教科文组织列入世界遗产名录。

法西尔盖比城堡由法西利德斯皇帝（Emperor Fasilides）建于1636年，它的建立标志着埃塞俄比亚君主统治方式的转变。这位皇帝选择贡德尔作为首都，并着手建造自己的堡垒，里面不仅有君主的居所，还有寺庙、马厩、浴室和许多其他建筑。

事实上，埃塞俄比亚的每一任君主都为该建筑群带来了新的东西——从花园到宫殿——其中大部分保留至今。

票价
200埃塞俄比亚比尔

开放时间
上午8时30分—12时30分；
下午1时30分—6时30分

皇家狩猎行宫

迪勒黑文，丹麦

皇家狩猎行宫——丹麦语称作Eremitageslottet——是为丹麦君主举办宴会而建造的。现在矗立的建筑实际上是原建筑的替代品，因为原建筑过于简陋，到1734年已无法居住。拆除后，取而代之的是克里斯蒂安六世的设计。在建成后的几个世纪里，行宫历经了一次又一次翻新。在19世纪90年代最后一次翻修中，整个建筑恢复了原来的装饰风格。

票价　125丹麦克朗

廷塔杰尔城堡

康沃尔郡，英格兰

廷塔杰尔城堡是与亚瑟王（右）、梅林和圆桌骑士的传说联系最为紧密的城堡，尽管人们只知道这座城堡在中世纪早期才有人居住，但其历史据说可以追溯到罗马不列颠时期。人们认为城堡是由康沃尔伯爵理查德在13世纪建造的，他希望以此赢得当地人的信任。随着维多利亚时代亚瑟王传说的普及，人们对廷塔杰尔城堡也越发着迷。

票价
成人13英镑；儿童7.8英镑

开放时间
周三—周日 上午10时—下午4时

布达城堡

06

布达佩斯,匈牙利

位于布达佩斯城堡山上的第一座皇家宅邸始建于13世纪,后来成为文化中心,能工巧匠和艺术家们纷纷涌入马蒂亚斯·科维努斯国王及其妻子那不勒斯的贝娅特丽克丝的宫廷。不幸的是,最初的城堡被毁,不过在原址又修建了一座巴洛克风格的小城堡。然而,这座城堡也在1723年被意外烧毁。

城堡废弃后,有人呼吁公众筹集资金,以恢复城堡昔日的辉煌。资金筹集后,绘制了新城堡的草图,并于1749年奠基。然而,命运并未眷顾这座城堡,1758年,资金耗尽后,工程停了下来。为继续施工,玛丽亚·特蕾莎皇后划拨了一笔小额预算,城堡的建造持续了七年,最终,在1769年竣工。

布达城堡一直是王室成员的居所,直到1918年第一次世界大战后君主制被废除。

▲ 这张布达佩斯地图绘制于1617年,展示了布达城堡被毁和重建前的原貌

德哈尔古堡

07

乌得勒支
荷兰

票价
成人17欧元；儿童11欧元

开放时间
几乎每天上午9时—下午5时

在荷兰中部，被135英亩（约54.63公顷）土地所包围的就是德哈尔古堡，这是一座童话般的城堡，拥有塔楼、护城河，还有吊桥。它最初建于13世纪，之后年久失修，1892年至1912年由皮埃尔·库珀斯（Pierre Cuypers）设计重建——他还设计了阿姆斯特丹国立博物馆（Rijksmuseum）和中央车站（Centraal station）。如今，德哈尔古堡受到所有人的喜爱，城堡和广阔的花园都对公众开放。

08

腓特烈堡城堡

斯堪的纳维亚最美丽的建筑之一，坐落在波光粼粼的湖泊和迷人的花园中

希勒勒
丹麦

罗斯·汉密尔顿

向西望去，腓特烈堡铜制的塔楼和宏伟的外墙仿佛漂浮在周围平静的湖面上。这座"北欧凡尔赛宫"建在三个小岛上，是丹麦王室的纪念碑——它是斯堪的纳维亚半岛最大的文艺复兴式宫殿，也是一个早已逝去的专制时代的见证。

腓特烈堡是丹麦最早建在内陆的城堡之一，设计这座豪华的皇家宅邸是为了休闲娱乐，而不是海岸防御。城堡毗邻乡村小镇希勒勒，自中世纪以来，这里一直是私人庄园的所在地，而现在的城堡则印证了丹麦最雄心勃勃的君主的远见卓识，以及最著名的酿酒师的慷慨大方。

克里斯蒂安四世于1577年出生于腓特烈堡，他号称丹麦的"建筑师国王"，其著名的项目还包括罗森堡城堡和哥本哈根著名的圆塔。他是一位多产的建筑设计师，17世纪初，他下令重建自己儿时的故居，于是就有了今天这座迷人的建筑。

虽然城堡的大部分一直保持着完工时的样貌，但在1859年的一场大火后，其中很大一部分变成了废墟。看到民族骄傲的象征竟沦落到如此地步，丹麦公众和一些知名人士感到十分震惊，他们纷纷慷慨解囊，资助修复工程。其中最具影响力的是J.C.雅各布森，他的嘉士伯啤酒厂至今全球闻名。在雅各布森的资助下，腓特烈堡经过精心修复，终于恢复了昔日的荣耀，甚至连内部的细节都做到了极致。由于公众在拯救这座城堡过程中所发挥的作用，腓特烈堡如今作为国家历史博物馆常年开放。

▶ 由拉扎勒斯·巴拉塔绘制的腓特烈堡画作，腓特烈三世骑在马背上

票价
成人75丹麦克朗；
儿童20丹麦克朗；
优惠价60丹麦克朗

开放时间
4月—10月上午10时—下午5时；
11月—3月上午11时—下午3时

标志性的喷泉
海神喷泉傲然屹立,是腓特烈堡引人注目的焦点

　　海神喷泉是克里斯蒂安四世委托雕塑大师阿德里安·德·弗里斯建造的。这位荷兰艺术家塑造了一个威严的海神形象,矗立在喷泉顶端,喷泉位于中央庭院,象征国王和整个丹麦王国至高无上的地位。这座象征丹麦权力的建筑只保留到1659年,便在与瑞典的第二次北方战争中成为牺牲品。《罗斯基勒条约》签订后,海神喷泉被拆除并作为战利品运往瑞典。不久后,它在斯德哥尔摩附近德罗特宁霍尔姆宫公园的新家重新组装。游客如今在腓特烈堡看到的海神喷泉是原作的复制品,由丹麦艺术家海因里克·汉森于1888年完成。

双圆塔
南岛让人回想起城堡的起源

虽然没有克里斯蒂安四世重建工程那么壮观,但南部小岛上的双圆塔却是腓特烈二世开创性的工程。由于当时现有庄园面积不足以作为王室居所,所以他在搬入之前对庄园进行了扩建,其中最引人注目的是塔楼。

这些始建于1562年的建筑位于桥两侧,横跨主庭院,砖墙上有锥形圆顶。东西两座建筑原本是城堡治安官和抄写员的住所,每座建筑上都留有建造者的印记。在彩色墙砖上拼写的日期和腓特烈的座右铭依然清晰可见:"Mein Hoffnung zu Gott allein"("我的希望只寄托在上帝身上")。

两座花园，两种风格

不同的理念指导着腓特烈堡的建设

尽管腓特烈堡文艺复兴式建筑自17世纪初以来一直保存完好，但其周围的景观却历经一代又一代君主的改造和重塑，这一点在腓特烈堡的两个主花园体现得最明显。巴洛克式花园建于1720—1725年，反映出许多18世纪大花园的精致和严谨。花园由景观设计师约翰·科尼利厄斯·克里格（Johan Cornelius Krieger）设计，园内的树冠、花圃和宽阔的水道都体现了人类对自然的驾驭能力，而对称性是最重要的。

一个多世纪后，巴洛克风格在园林设计界有些落伍了，但腓特烈堡却并没有改建现有的花园，而是新建了一座浪漫主义风格的花园。新花园由腓特烈七世设计，更富有表现力，园内布满了蜿蜒的小径、运河和池塘，还有一座挪威庄园风格的小别墅。

城堡皇家教堂

从字面意义上看,城堡皇家教堂是腓特烈堡的最高成就,堪称杰作。它沿城堡的西翼延伸,在1859年的大火中幸免于难,在丹麦君主制的历史上发挥了至关重要的作用。

虽然在17世纪末之后,王室很少使用皇家教堂,因为位于哥本哈根的众多宫殿更受欢迎,但直到19世纪中叶,这座教堂一直是举办丹麦绝对君主(君主专制)加冕礼和受膏礼[①]的重要场所。1665年的《国王法》将专制主义写入成文的宪法中,五年后,克里斯蒂安五世成为首位在该教堂举行盛大仪式的君主。

在皇家教堂灰泥装饰的拱形天花板和华丽的镀金柱子下面,是一幅壮丽的祭坛画,由珠宝商雅各布·莫尔斯(Jacob Mores)用金、银和乌木精心制作而成。墙壁周围挂着丹麦两个最高骑士团——大象骑士团和丹麦国旗骑士团——成员的盾形纹章。虽然这些纹章主要是丹麦贵族专用,但你也会在其中发现温斯顿·丘吉尔、德怀特·艾森豪威尔和纳尔逊·曼德拉等著名人物。

教堂最大的特色是康贝纽斯管风琴,它的名字源于佛兰德斯大师以赛亚·康贝纽斯。这架管风琴的历史可追溯到1610年,是丹麦最古老的管风琴,拥有1001根木管,它装饰华丽,既是一件雕塑品也是一件乐器。教堂每周的音乐会仍使用这架管风琴。

[①] 受膏礼是一种宗教仪式,通常在基督教中使用,用于一个人的祝圣或宣誓,通常是国王或皇帝,将其任命为君主。在受膏礼中,往往使用圣油(膏油)涂抹在受膏者的头上,以象征着神圣的权威和祝福。受膏礼是欧洲君主权力合法性的象征之一。

黄道厅

　　克里斯蒂安四世请佛兰德斯建筑师老汉斯·范·斯滕温克尔来改造腓特烈堡。然而，范·斯滕温克尔的工作几乎还未开始实施，他就去世了，于是他的两个儿子洛伦茨和小汉斯负责落实他的设计方案。

　　他们的作品继承了父亲的遗志，黄道厅只是他们独特的荷兰文艺复兴风格的众多作品之一。房间的木板墙和大理石壁炉营造出一种私密的氛围，而天花板上的穹顶却令其与众不同。明亮的金色和蓝色色调，点缀着闪闪发光的星星，让在场的人可以在舒适的环境中眺望星空。

国王礼拜堂

皇家教堂上层的长廊贯穿整个建筑,游客可以从这里进入城堡最神圣的房间之一——国王礼拜堂,又称皇家祈祷室,是君主进行私人礼拜的地方。

这里最好的代表是祭坛——虽然礼拜堂大部分被大火烧毁,但德国艺术家马特豪斯·瓦尔鲍姆(Matthäus Wallbaum)令人惊叹的作品幸免于难。这位金匠的作品错综复杂,以银质天使合唱团为特色,华丽逼真,如今与之相伴的是城堡中一些最精美的艺术品;丹麦画家卡尔·布洛赫(Carl Bloch)创作于1865年至1879年的23幅关于耶稣生平的系列作品装饰着整面墙壁。

觐见厅

　　经过四年的翻修，觐见厅重新开放，是城堡中装饰最奢华的房间之一。该厅建于17世纪80年代，是为克里斯蒂安五世建造的，它融合了文艺复兴和巴洛克元素，其圆顶天花板上的绘画和灰泥装饰令人叹为观止。该厅与位于瓦德玛大厅一角的塔楼厅相连，为贵族和平民提供了直接与国王对话的机会。国王坐在入口对面的高脚椅上，两侧是他祖先的肖像，这样的场景非常适合这位丹麦第一位绝对君主。此外，厅里还有克里斯蒂安五世的宫廷画家雅克·德·阿加尔（Jacques d'Agar）的多幅作品。

玫瑰厅

玫瑰厅恰如其名，空气中似乎都闪烁着微妙的粉红色调。它占据了国王翼①的底层，与装饰更为奢华的大会厅形成鲜明的对比。这符合其初衷：玫瑰厅是国王和他的骑士们一同进餐的地方，虽低调却不失奢华。

玫瑰厅立刻将人们的目光吸引到它精美绝伦的天花板上。一系列拱顶仿佛从立柱深红色的树干中蹿出，它们以华丽的灰泥装饰为特色，描绘着鲜花和硕果。沿着墙壁，栩栩如生的饰带上镶嵌着真正的鹿角，俯瞰着洞穴般的室内。

① 国王翼指城堡或宫殿中专门供国王居住或使用的区域。通常包括国王的私人卧室、起居室、工作室及其他私人空间。

◀ 大厅装饰华丽的天花板在一场大火中几乎完全烧毁，19世纪进行了修复

大会厅

　　腓特烈堡在建造之初就考虑到了奢华问题——它既是招待宾客的地方，同时也要让他们感到谦卑——因此城堡辉煌壮丽的大会厅是最能体现克里斯蒂安四世所设想的奢华品质的厅堂。"骑士大厅"（Riddersalen）沿宫殿西翼延伸55米，这里是举行奢华宴会和华丽的王室活动的主要场所，为腓特烈堡赢得了斯堪的纳维亚凡尔赛宫的美誉。

　　走进这里，你会发现每一寸墙壁或天花板上都覆盖着镀金装饰和精美图案。描绘克里斯蒂安四世生平事迹的华美挂毯是佛兰德斯艺术家卡雷尔·范·曼德的作品，天花板上巨大的枝形吊灯和生动的彩绘凹槽营造出一种令人眼花缭乱的深度感。

　　大会厅是1859年那场毁灭性大火中受灾最严重的房间之一。12月的某个晚上，国王腓特烈七世回到他收藏史前文物的房间。他是有名的古董爱好者，经常花上几个小时仔细研究丹麦过去的各种物品，由于当时气温太低，国王要求生火。几小时后，城堡燃起了熊熊大火。曼德的挂毯没了，木雕天花板也遭到了严重破坏。

　　建筑师费迪南德·梅尔达尔（Ferdinand Meldahl）的修复工作成功地再现了大会厅昔日的辉煌，这要归功于发现并使用了曼德数百年前为大会厅绘制的原始草图。

09 阿格拉城堡

阿格拉
印度

票价
印度人 40 卢比；外国人 550 卢比

开放时间
周二—周日白天

经过 4000 名工人历时八年的辛勤劳作，阿格拉城堡终于完工。这里曾是莫卧儿帝国皇帝居住不到 100 年的家园，漫步在这座由红色砂岩和白色大理石建成的巨大建筑群中，可以领略到莫卧儿帝国古都的悠悠历史。城堡被 70 英尺（约 21.34 米）高的城墙环绕，气势恢宏、美轮美奂，距离泰姬陵只有 2.5 公里，这座被联合国教科文组织列入世界遗产名录的城堡正等待着你去发掘。

日本城堡

七座城堡经历了战争、自然灾害和政府改革，
代表了日本城堡的精髓

当你听到"城堡"一词时，首先想到的可能是高耸的欧式建筑，但日本也有自己丰富的城堡历史，这一点常常被忽视。

日本在17世纪初统一前，是由一个个独立的小国组成的，小国之间常常战火不断。为了抵御众多敌人，各地纷纷建起了坚固的堡垒。这些城堡位于战略要地，自然景观成为防御的一部分。与欧洲同类城堡一样，日本城堡通常有护城河和坚固的石墙，但也采用木头建造，这意味着它们很容易被大火烧毁。日本城堡是为领主和武士设计的，因此通常规模宏大，外观华丽，内部装饰复杂，目的是显示其实力和财富，同时威慑和迷惑来犯之敌。

多年来，由于战争、地震、雷击和政府改革，许多城堡历经倒塌、重建、再倒塌。但如今，许多城堡依然屹立不倒。有些城堡，如历经风霜的姬路城，以原貌保存至今；而另一些城堡，如气势恢宏的大阪城，则是令人印象深刻的精确重建。这些城堡让游客有机会在欣赏周围美景的同时，沉浸在统一前的日本悠久的历史中。

大阪城虽几经被毁,但依然屹立不倒

票价 200日元
开放时间 上午9时30分—下午5时30分

大阪城

一座典型日本城堡

📍 大阪,日本

10

大阪城风景如画,占地面积超过6万平方米,是日本最著名的地标之一,拥有13座独特的建筑,从这里可以俯瞰周围充满活力的城市。

1583年,日本的"大统一者"之一丰臣秀吉为了超越他的前任(大名鼎鼎的织田信长),开始修建这座城堡。这一愿望催生出了一座庞大的建筑,其主塔为地上五层、地下三层,金箔覆盖着城堡的外观和众多装饰,还有金虎和金鲩(传说中的鱼虎混合体),所有这些设计都是为了给访客留下深刻印象并威慑敌人。如今,城堡也是绵延的西之丸花园的所在地,还有一座展示城堡历史及其创始人的博物馆。

大阪城的建造始于16世纪,长期的派系纷争、两次雷击、毁灭性的内乱以及第二次世界大战期间的轰炸,导致大阪城大部分毁坏。直到1995年才开始重建,形成了今天我们所熟知的大阪城。每年春天,它都巍然屹立在樱花盛开的花海之中。

小田原城

在前往日本闻名遐迩的箱根途中,在小田原城短暂停留

小田原,日本

小田原城建于15世纪,18世纪被毁,19世纪政府下令铲除所有前封建领地后再次被毁,直到1960年才得以重建。

在这座三层四楼的建筑中,既有永久性展品,也有临时性展品,包括盔甲、真正的武士武器和珍贵的历史资料。瞭望台,虽然不是按城堡历史原貌重建的,但却能将相模湾和小田原市的美景尽收眼底。城墙外是小田原城遗址公园,这里以一年四季盛开的各种美丽花卉(梅花、绣球花、鸢尾花、樱花等)而闻名。此外还有艺术与地方史博物馆、小型游乐园和动物园。

小田原城毗邻东京和风景秀丽的温泉之乡箱根,是历史悠久的理想中转站。

票价 500日元起
开放时间 上午9时—下午5时

重建后的城堡中藏有很久以前的文物和武器

姬路城仍然是日本最古老、最令人叹为观止的一座城堡

票价 1000日元起
开放时间 上午9时—下午5时

姬路城

探访日本最历久不衰、风格最典雅的城堡

姬路市，日本

日本城堡是令人惊叹的建筑杰作，姬路城更是如此。姬路城坐落在姬山山顶，一直注视着山下的城市，因其优雅的白色外观而常被称为白鹭城。

这座城堡由池田辉政建于17世纪早期（他从德川家康手中接过这座城堡，作为他在关原之战中提供帮助的礼物）。城堡由80多座建筑物组成复杂的网络，专门用来抵挡敌人的进攻。游客参观城堡，可以穿过迷宫般的庭院，直达主城堡——这是一座六层建筑，拥有罕见而又独特的翼楼。城堡的顶层有个小神社，是俯瞰城下和整个姬路市的绝佳地点。

姬路城最近进行了翻修。它是日本仅有的多年来未遭彻底破坏的12座城堡之一，因其精湛的构造和秀美的外观而被联合国教科文组织列入世界遗产名录。

在欣赏完城堡精妙的工艺并通过展品了解其丰富的历史后，不妨花点时间在春季数百株樱花盛开的庭院中漫步，或徜徉在附属的好古园——一座为纪念姬路建市100周年而建造的传统日式园林。

松本城

松本城带给你的是 16 世纪日本城堡的真实体验

13

松本市，日本

从东京出发几小时就能到达日本历史悠久的一座建筑：松本城。松本城建于 16 世纪晚期，至今仍保留着原始的木质内墙和石头外墙，是了解 16 世纪城堡生活难得的视角。

与许多同时期的城堡不同，松本城是一座平城，即建在平地上，而不是建在山丘或山顶上的城堡。这类城堡防守困难，考虑到它建造于日本战国时代（一个动荡不安的时期），其位置似乎选择不当。然而，城堡的设计和加固都是为了进行远距离作战。主城堡（大天守）、小城堡（干小天守）和渡橹都建有开口，供铳射手和弓箭手射击，也供士兵向来犯之敌投掷石块。

城堡内还设有一个观景台，可以尽览日本山峦和松本市的美景。一条护城河是锦鲤和天鹅的家园，还有一座历史悠久的枪支博物馆、一座望月楼（tsukimi-yagura）。避开每年春天蜂拥而至来赏樱的人潮，秋天来此参加一年一度的赏月节吧。据说在这里可以同时看到三个月亮：在天空中，倒映在周围清澈的护城河水中，以及你的清酒杯中。

松本城因其醒目的黑色外观而被称为"乌鸦城"

票价 610日元
开放时间 上午8时30分—下午5时

一座飘浮在空中的
废弃城堡

竹田城

前往竹田城，惊叹于日本缥缈的天空之城

朝来市，日本

在日本，很少有景点像竹田城这样独特且令人惊叹。

这座城堡建于1441年，但在1600年的关原之战后被遗弃，当时城堡的主人赤松广秀被指控纵火，他随后切腹自杀（日本武士特有的自杀仪式）。最后的主人死后，城堡遭遗弃，年久失修。虽然地面上已经没有任何建筑物，但从城堡遗址中可以一览无余地看到城堡的布局和周围的群山。

竹田城海拔300多米，被称为"飘浮在空中的城堡"，这是因为它周围云雾缭绕，给人一种世外桃源般的飘浮在云中的错觉。在秋冬日出之前，前往城堡对面斜坡上的立云峡观景点，可观看地平线上出现的幽灵般的城堡废墟。

票价 500日元
开放时间 随季节而变化

岐阜城坐落在绿树丛中，俯瞰着下面的城市

岐阜城

一座曾由日本大名鼎鼎的封建领主把守的城堡

岐阜市，日本

岐阜城始建于12世纪和13世纪之交，当时被称为稻叶山城，之后由织田信长掌控。

"二战"期间，岐阜城被炸毁，现在的四层建筑是20世纪50年代重建的，如今陈列着江户盔甲、武器、地图、绘画及其他珍稀文物。

岐阜城坐落在金华山山顶，俯瞰着山下的岐阜市，将360度的城市美景尽收眼底。城堡周围还有档案博物馆（门票包含在城堡门票中）、松鼠村、历史遗迹和观景餐厅。可以傍晚时分参观，欣赏从日落到夜晚10点灯光璀璨的夜景。

票价 200日元
开放时间 上午9时30分—下午5时30分

东京都皇居内古堡式的富士见橹守卫塔建筑

票价 免费
开放时间 除周一和周五外，每天上午9时—下午4时30分

江户城

德川幕府将军曾经居住过的地方

东京，日本

江户城建于1457年，由武士、诗人和军事战略家太田道灌建造。从1590年起，这座城堡成为德川幕府创始人德川家康的居所。

关原之战后，幕府从1603年到1868年统治日本260多年，这一时期后来被称为江户时代。在此期间，江户城实际上成为日本的政治和军事之都，家康开始对其进行修缮，使其成为日本最大的城堡。

1868年明治维新后，明治天皇将江户改名为东京都，并将其变为日本的正式首都。他也在城堡居住了20年，然后迁往新建的皇居。

如今，江户城位于东京市中心，是东京皇居的一部分，可以在东御苑里找到它。遗憾的是，江户城的大部分在1657年和1873年的两次大火中遭到严重破坏，再未重建昔日的辉煌。

不过，原城楼的石基还在，1657年大火之前，它是日本史上最高的城楼。除地基外，江户城的城墙、护城河、入口大门和岗楼仍保留至今，供游客参观，其中包括风景如画的富士见橹——一座可追溯到17世纪中叶的瞭望塔。

江户城有很多值得一游的地方。如果想俯瞰御花园的全景，可以登上城堡遗址的顶部。东御苑免费进入，游客可以不受导游的限制，按照自己的节奏漫步游览。

清晨出发，可远离大都市东京的喧嚣，享受几个小时宁静祥和的时光。位于东御苑的还有皇家收藏博物馆，该博物馆于1993年开馆，收藏了9500多件皇室艺术品。这里也是免费进入。

江户城有三个大门对公众开放：大手门、平川门和北桔桥门。大手门被认为是正门，从大手町站步行5分钟，或从东京站步行15分钟即可到达。至于另外两个大门，距离竹桥站很近，步行可到达。

17

爱丁堡城堡

在1745年的叛乱中,詹姆斯二世党人控制了爱丁堡,但这座城市标志性的城堡不愿投降

爱丁堡,苏格兰

丽贝卡·福特

票价

成人17.50英镑；儿童10.50英镑

开放时间

4月—9月 上午9时30分—下午6时；10月—3月 上午9时30分—下午5时

◀爱丁堡城堡傲立于一座死火山的山顶

约1800年
彼时&现在

1745年9月15日，钟声响彻整个爱丁堡城。它们发出铿锵的警告：查尔斯·爱德华·斯图尔特，即"俊美王子查理"的詹姆斯二世党人的军队正在南下。人们惊慌失措地冲上街头，因为除了爱丁堡城堡之外，这座城市并没有做好战斗准备。城堡向志愿者发放武器，加强防御。第二天，查尔斯王子来了封信，信中警告市民说，他决心进城，如果有人反对他，后果会不堪设想。谣言不胫而走——有人说16000名苏格兰高地人要攻占这座城市——志愿者丧失了勇气，迅速撤到山上的城堡，交还武器。9月17日凌晨，在附近安营扎寨的查尔斯派人突入城内。结果比预想的要容易得多；内瑟伯港的大门不小心被打开了，于是詹姆斯二世党人冲了进去，接着占领了高街的卫兵室，随后又夺取了城墙上的岗哨。中午时分，风笛声响彻云霄，高地人控制了苏格兰首府——是控制了大部分，因为城堡上仍飘扬着一面反抗的旗帜——里面的指挥官拒绝投降。

爱丁堡城堡耸立在一座大约有7000万年历史的死火山顶上，它是这座城市和苏格兰的永恒象征。它既是宫殿，也是监狱；既是堡垒，也是避难所；既是王室居所，也是共和国的军营。它居高临下俯瞰城市和周围的乡村，它是军事力量和政治权力的象征。

公元前850年左右，青铜时代的定居者首次占据了城堡山，公元1世纪时，这里成为铁器时代的山堡。公元600年，戈多丁的军队占领了这座峭壁，并将其命名为Din Eidyn，此地后来又被盎格鲁人占领，并更名为爱丁堡。这些早期的防御工事没有留存下来，但到了11世纪，这座火山岩上已经耸立起一座颇具规模的建筑。

城堡后来成为苏格兰国王马尔科姆三世和他的第二任妻子玛格丽特的居所,玛格丽特是忏悔者爱德华的曾侄女。她是一位虔诚的天主教徒,后来被封为圣徒,于1093年在城堡中去世。城堡现存最古老的建筑是圣玛格丽特礼拜堂,其结构精致简洁,可能是她的儿子大卫一世于1130年为纪念她而建造的。

到了中世纪,该城堡已经防守森严,并几经易手。自1174年起,城堡被英格兰人占据了12年,1296年被爱德华一世

▲ 著名的俊美王子查理1745年"遗失的画像"

▲ 城堡正门,大多数游客将由此进入

▲ 在爱丁堡城堡展出的苏格兰王冠珠宝

（"苏格兰之锤"）攻占，他掠走了城堡里的许多珍宝。1314年，莫雷伯爵大胆攀登岩壁之后夺回了城堡，并将其归还给苏格兰人。几个世纪以来，争夺城堡的斗争持续不断，城堡被多次围困，其中最有名的是1571年至1573年的"长期围城"事件。就在此几年前，苏格兰女王玛丽在这座城堡中生下了詹姆斯六世。尽管她为了儿子被迫退位并逃往英格兰被囚禁，但城堡的总督还是支持她继承王位，他顽强抵抗摄政王詹姆斯·道格拉斯，即莫顿伯爵，后者最终在英格兰军队的支援下攻克了城堡。城堡大部分被毁，获胜的摄政王重建了城堡，并用半月炮台等建筑加强了城堡的防御。

尽管此时城堡已经不再是王室居所，因为附近的荷里路德宫提供了更舒适的环境，但王室的访客们依然在使用这座城堡。

1617年，詹姆斯六世（此时也是英格兰的詹姆斯一世）在这里举行了他的禧年庆典，1633年，他的儿子查理一世在苏格兰加冕（他之前在英格兰加冕）的前一晚也是在这里度过的。苏格兰人对查理一世于1649年被处死愤愤不平。他的儿子在爱丁堡被封为查理二世，此举激怒了奥利弗·克伦威尔，他于1650年入侵苏格兰进行报复，城堡被围困三个月后投降。建于16世纪早期的庆典大厅被改建为兵营。尽管有共和派的存在，但苏格兰人仍继续效忠斯图亚特王朝的君主。1651年，查理二世在珀斯郡的斯昆宫加冕为王，这比他在英格兰复位早了很多年。

爱丁堡城堡迎来了和平，但好景不长——冲突的起因又是斯图亚特王位继承问题。英国新教徒曾邀请查理二世的新教徒侄女玛丽和她的丈夫奥兰治的威廉一起登上王位，以取代她逃往法国的父亲、天主教徒詹姆斯二世（苏格兰的詹姆斯七世）。玛丽接受了这一请求，并于1689年抵达苏格兰。经过一番考虑，爱丁堡的苏格兰议会同意支持威廉和玛丽成为君主，但许多苏格兰人仍然支持詹姆斯二世党人对王位的要求，城堡的总督戈登公爵就是其中之一。他由詹姆斯二世任命，因此决心支持国王的事业。虽然只有大约120人的守军，弹药也很少，但戈登拒绝投降。据说他甚至无视詹姆斯二世劝他离开城堡北上的口头信息。戈登宣称自己"决心死守城堡"。3月18日，城堡周围部署了卫兵，但未能攻破城堡。于是围攻开始了。

对詹姆斯二世党人而言，拥有这座城堡具有象征意义——爱尔兰的泰尔康奈尔伯爵发来消息称，如果戈登能坚持六周，他将率领两万人来解救这座城堡。1689年4月16日，邓迪第一代子爵克莱弗豪斯的约翰·格雷厄姆，在邓迪的一个山顶上升起了詹姆斯二世的旗帜，这一举动标志着詹姆斯二世党人第一次起义的开始。政府军封锁了城堡，希望能饿死城堡里的军队。有人说，守军通过与加洛韦主教的孙女安妮·史密斯互通消息，设法与城里的朋友保持联系。城堡经常遭到炮击，有一次炮击打坏了装有守军麦芽酒的酒桶，从而降低了士气。

围攻一直延续到6月，此时城堡内的情况已经严重恶化：供水不足、士兵生病（在城堡中发现的15具骸骨被认为是被困守军士兵的），即将弹尽粮绝。外面的局势瞬息万变，虽然邓迪子爵成功集结了军队来支持詹姆斯二世党人的事业，但政府却责成休·麦凯将军率领大批反对派平息起义。戈登收到了救援无望的信号。6月14日，他拱手交出了损毁严重的城堡，疲惫不堪的守军开拔了。

虽然詹姆斯二世党人在基利克兰基战役中成功击败了麦凯的军队，但邓迪子爵却阵亡了。1690年，奥兰治的威廉在爱尔兰的博因河战役中击败了詹姆斯二世的军队，詹姆斯二世党人似乎就此失败。然而，1715年，詹姆斯党人再次起义，这座城堡再次成为人们关注的焦点——对于那些觊觎王位的人而言，这是权力的有力象征。

新君主、汉诺威的统治者乔治一世的到来激起了詹姆斯二世党人的情绪，尤其是在苏格兰，许多人已经对1707年与英格兰建立政治联盟感到不满。虽然詹姆斯二世已经去世，但他的儿子詹姆斯·弗朗

▲ 约翰·佩蒂这幅名为"解散"的画作表现的是卡洛登战役后的一名高地人

城堡中的看点

今天，爱丁堡城堡有许多引人注目的景点等待着游客，以下只是其中的几个亮点

蒙斯梅格大炮

这是仅存的两门掷弹炮中的一个，1457年作为礼物赠送给詹姆斯二世。其名字指的是今天位于比利时的蒙斯，也是其制造地。

国家战争博物馆

爱丁堡城堡是苏格兰战争博物馆的所在地。在该馆内，你可以通过文物和展品，包括士兵的个人物品，了解苏格兰的军事历史。

苏格兰皇家博物馆

该馆依靠游客捐赠，完全免费开放。馆内陈列着有关苏格兰皇家军团的展品和信息，该军团是英国陆军历史最悠久的步兵团。

圣玛格丽特礼拜堂

这座礼拜堂是城堡现存最古老的建筑。它由大卫一世国王建于1130年,以纪念他的母亲玛格丽特王后。礼拜堂在16世纪还曾用作火药库,它的特色是圣坛(教堂)拱门上的原始装饰。

苏格兰国立战争纪念馆

这座纪念性建筑是为了纪念在第一次世界大战中苏格兰阵亡将士而建造的,由罗伯特·洛里默爵士于1919年设计,设有一座圣殿和荣誉大厅。

王宫

城堡的这一区域见证了一些最具历史意义的事件,1566年,苏格兰女王玛丽在这里诞下了詹姆斯六世。

▲ 马尔伯爵成功召集了各部族,支持斯图亚特王朝的主张

西斯·爱德华·斯图亚特("老伪装者",有时也被称为詹姆斯八世)仍流亡在外。1715年,马尔伯爵成功召集了布雷马尔各部族,支持斯图尔特家族继承王位。拥有爱丁堡城堡将为这场运动带来巨大的象征意义和战略意义。在经济上也是如此,因为城堡内存有大量黄金。珀斯公爵的儿子德拉蒙德勋爵决心夺取这一战利品,他召集了一群高地人和一些爱丁堡詹姆斯二世党人来帮助他。

进攻计划由植物学教授威廉·阿瑟博士和他的兄弟托马斯领导,托马斯曾在城堡中担任少尉。他们贿赂了城堡内的哨兵,让哨兵们放出一条绳索,在上面固定一个绳梯,然后一行人就可以登上并占领城堡。

德拉蒙德勋爵让人专门制作了绳梯:它分为两段,宽度足够几个人同时攀爬。

1690年7月,奥兰治的威廉率领军队在博因战役中击败了詹姆斯二世

▲ 约翰·斯莱泽描绘的爱丁堡城堡东北角

如果偷袭成功，起义军将点燃一连串的信标并发射火炮，通知马尔伯爵。突袭定于8月8日夜晚11点进行，比哨兵巡逻早一个小时。傍晚时分，一些密谋者聚集在爱丁堡的一家小酒馆里，敲定各项安排；事后有报道称，其中一人留着胡子，穿着红色外套；另一人则穿着睡衣——这也太反常了。其余的密谋者分散在城市的各个角落，在不同的小酒馆里喝酒，大声庆祝他们的成功——结果被人偷听到了。

按计划，起义军应在晚上9点到10点之间在城堡岩脚下的圣卡斯伯特教堂附近集合。然而，有些人留在酒馆里，为"城堡传来的好消息"而畅饮。本应在当晚早些时候收走的绳梯仍在进行最后的调整，结果错过了晚上11点的最后期限。虽然梯子最终出现了，但哨兵们却非常紧张，他们没有把梯子拖上来并固定到位，而是又把梯子扔回城墙外。密谋失败了，有一个线人（可能是耳聪目明的旅馆老板）事先向当局通风报信。然而，被抓获的起义军只有四名，而且只有一人因参与密谋被处以绞刑；阿瑟博士逃脱了，继续为詹姆斯二世党人的事业而战。

爱丁堡城堡最后一次大规模防御是在1745年詹姆斯二世党人起义期间。整个1744年，英法关系不断恶化，法国人计划利用查尔斯·爱德华·斯图尔特为傀儡，入侵英格兰南部。虽然计划被取消了，但查尔斯不愿放弃冒险，1745年7月，他在外赫布里底群岛的埃里斯凯岛登陆，希望拉拢各部族支持他的事业。他的个人魅力、承诺法国会提供援助以及废除与英格兰联盟的决心使他获得了足够的支持。于是，

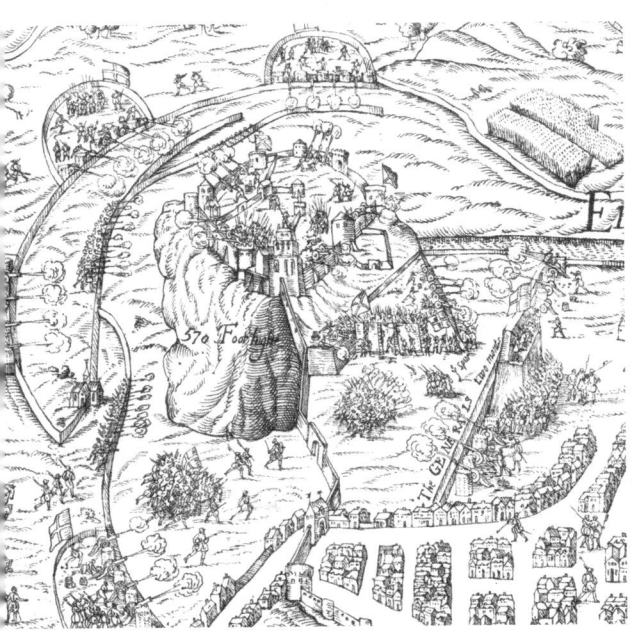

▲ 爱丁堡城堡，一幅16世纪的插图

1745年8月19日，查尔斯在格伦芬南率领大约1200人举起了他父亲的旗帜。

詹姆斯二世党人的军队充分利用韦德将军为政府修建的军用道路，迅速南下，并于9月17日占领了爱丁堡城。起初，查尔斯对城堡不闻不问，而是进入了荷里路德宫。宫中的看客们蜂拥而至，一睹这位身着格子大衣、佩戴蓝金色相间饰带、脚蹬靴子的高大帝王的身影。他头上戴着一顶饰有白色帽徽的蓝色天鹅绒帽。查尔斯在城中停留了三天，休整部队，然后向南进军到普雷斯顿潘斯，在那里他彻底击败了约翰·柯普爵士的政府军。

查尔斯返回首都，但城堡在盖斯特将军和普雷斯顿将军的控制下继续坚守。一些报道称，盖斯特拒绝了贿赂，不愿交出堡垒，而另一些报道则描述他同情詹姆斯二世党的事业，只是在坚定的汉诺威派普雷斯顿的劝说下才进行抵抗。无论真相如何，最初双方的停战是审慎的，因为几年前城堡的防御设施已得到改善，查尔斯知道他不太可能通过武力夺取城堡。高地人把守着通往城堡的道路，但双方达成了默契，允许物资进入城堡。

停战于9月29日结束，当时守军被认定从城堡内先开火。于是对城堡实施了封锁，但盖斯特将军意识到自己的战略优势，他致信爱丁堡当局，要求恢复供给，否则他将炮轰这座城市。市民们向查尔斯求助，查尔斯回信威胁要对城堡里所有人的财产进行报复。双方又达成了停战协议，但却很快被打破了，因为詹姆斯二世党人向运送物资到城堡的人开火。城堡守军进行了报复，10月4日中午，普雷斯顿将军警告住在城堡附近的市民逃离家园。许多人照做了。

炮轰开始了，火力在一天中越来越猛烈，炮弹如雨点般从城市上空落下。天黑时，一支队伍离开城堡，挖了一条壕沟，并在整个城堡山上安置了更多的火炮。他们还放火点燃了几座空置的房屋，给市民们带来了极大恐慌。

苏格兰高地人精于肉搏战，但严重缺乏重型火炮，他们根本无法抵御这样的攻击。查尔斯也不能冒着失去爱丁堡市民支持的风险，因为没有他们的支持，他的事业几乎注定失败。如果他想要自己的计划取得成功，就需要向南进军英格兰，他没有时间进行长期围攻，所以他将计就计，

爱丁堡的活动

军乐节

这是爱丁堡最著名的活动之一,原因显而易见。每年8月在爱丁堡城堡举行的军乐节是一场声光盛宴。在城堡壮丽的背景下,可以观赏孤独的风笛手演奏,还可以观看军乐队的游行表演。

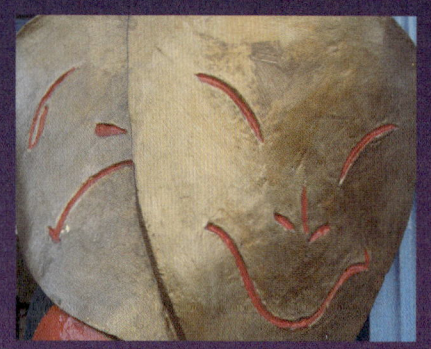

爱丁堡艺穗节

世界上最大的艺术节每年8月在爱丁堡举行。喜剧、戏剧、音乐等节目在这座城市的很多场所上演,从孩子到祖父母,每个人都能找到适合自己的东西。每年都有各种免费和付费活动,让人大饱眼福。

爱丁堡国际图书节

每年8月的最后三周,可以参加爱丁堡国际图书节。这里有讲座、辩论和历史悠久的儿童活动,是每个家庭书虫的理想去处。

鸣炮仪式

想不想看一次正式的鸣炮仪式?爱丁堡城堡全年都会举办几次,门票包含在城堡门票中。不要错过每天下午1点的"一点钟鸣炮仪式"(周日、耶稣受难日和圣诞节除外)。人们纷纷涌向米尔斯山炮台105毫米的野战炮前,一睹它的风采。

▲ 庆典大厅位于爱丁堡城堡的中心，是1511年为詹姆斯四世修建的

发布了一项解除封锁的公告。在公告中，他遗憾地表示："我们不断收到消息称，爱丁堡城堡的指挥官和守军毫无人性，这座城市许多无辜的居民惨遭杀害。"他没有对城堡的指挥官进行报复，而是宣布："当无辜的人的生命因此可以得到拯救时，暂缓惩罚……不会有损一位王子的荣耀。"

查尔斯在首都又停留了几周，并集结了一支五六千人的军队；然而，城堡仍然被政府所占据。10月底，詹姆斯二世党人离开爱丁堡向英格兰进军，希望越过边界后能得到更多的支持。然而，尽管他们进军迅速，但苏格兰却失守了，政府军轻而易举地重新控制了苏格兰大部分地区。

詹姆斯二世党人并没有获得想象中的支持，尽管他们向南推进到德比，但查尔斯最终被说服，认为进攻伦敦将是灾难性的，因此他的军队又折返回苏格兰。

俊美王子查理再也没有回到爱丁堡，1746年4月，他的军队在卡洛登战役中惨败。高地人携带的旗帜从战场上被取下并带到爱丁堡城堡，在那里作为战利品展出。詹姆斯二世党人起义至此结束。

必看景点
高地城堡

苏格兰高地到处都是令人惊叹的美景和值得一游的城堡

艾琳多南城堡
位于苏格兰风景如画地区的一座美丽城堡
📍 多尼，苏格兰

这座13世纪的防御工事展现了典型的苏格兰风貌。它曾在詹姆斯二世党人起义期间被毁，20世纪初进行了修复工作，并在《高地人》和《柳条人》等多部电影中出现过。

票价 成人10英镑；儿童6英镑
开放时间 时间常年变化

18

考德城堡
一座美轮美奂的城堡花园

📍 考德，苏格兰

这座浪漫的14世纪城堡曾是考德爵士的故居，因其文学渊源（包括莎士比亚的《麦克白》）而闻名，让人流连忘返。值得一提的是，这座城堡并没有被其与吟游诗人莎士比亚的关系所掩盖，实际上它拥有自己引人入胜的历史。

票价
成人13.5英镑；儿童7.5英镑

开放时间
4月11日—10月4日 上午10时—下午5时30分

20 厄克特城堡
湖畔的废墟之美
📍 因弗内斯，苏格兰

厄克特城堡曾是苏格兰最大的城堡之一，苏格兰独立战争期间在英格兰和苏格兰之间几易其手。它坐落在风景如画的尼斯湖畔，那令人印象深刻的遗迹蕴藏着丰富的历史和重要的历史文物，正等待着你去发现。

票价
成人12英镑；儿童7.2英镑
开放时间
上午9时30分—下午6时

21 辛克莱尔吉尔尼戈城堡
遥远北方的奇迹
📍 凯斯内斯，苏格兰

票价 免费
开放时间 全年开放

这座城堡位于苏格兰的最北端，由辛克莱尔家族建于15世纪，从这里可以俯瞰海岸和北海，景色壮丽。这座精美的遗址也是苏格兰唯一一座被世界古迹基金会列入名录的城堡。

乔治堡
一座适合国王居住的城堡

📍 因弗内斯,苏格兰

乔治堡堪称全欧洲最强大的炮兵堡垒之一,建于1746年詹姆斯二世党人最后一次起义之后。其建筑和防御设施至今仍保存完好,再加上大量的武器收藏,确实是军事爱好者在高地的必看景点。

票价 成人9英镑;儿童5.4英镑
开放时间 4月—9月 上午9时30分—下午5时30分;
10月—3月 上午10时—下午4时

23 都柏林城堡

都柏林
爱尔兰

票价
成人 8 欧元；儿童 4 欧元
开放时间
上午 9 时 45 分—下午 5 时 45 分

都柏林城堡曾是英格兰和英国在爱尔兰统治的中心，但它的起源实际上比许多人意识到的还要久远。在这座中世纪建筑的遗迹下——该城堡的大部分毁于 1684 年的一场大火——埋藏着维京时代都柏林的部分原始防御工事，游客可以看到这些遗迹。每年有 25 万游客前来尽情欣赏这座建筑的美丽并回顾其丰富的历史，你也可以加入他们的行列。

24

温莎城堡

由威廉一世,即征服者威廉在近 1000 年前建立的这座世界上最大、最古老的城堡,至今仍被英国王室所使用

伯克郡,英格兰

詹姆斯·普莱斯

票价
成人22.5英镑；儿童13英镑

开放时间
11月—4月 上午10时—下午4时15分

3月—10月 上午10时—下午5时15分

▲ 长步道，一条从城堡绵延数公里的小径，沿途可以欣赏到城堡的壮丽景色

温莎城堡拥有1000多个房间，占地5.2万平方米，称得上是王室居所。几个世纪以来，这里一直是39位英格兰和英国君主以及其他成千上万人的家园，历经多次王朝更迭，温莎城堡始终在王室生活中占据着独特的位置。

温莎城堡华丽的居室内曾经居住过英国历史上一些最具代表性的人物，但该城堡不仅仅是一个逝去时代的遗迹，如今它仍在王室社会中扮演着重要角色。这里是伊丽莎白二世女王最喜欢的周末度假地，同时也举办各种礼仪和外交活动——几个世纪以来一直如此。温莎城堡是世界上仍在使用的最大、最古老的城堡，其独特之处不仅在于它的历史，还在于它在当今社会中持续发挥的重要作用。

温莎城堡在近千年来一直是英国王室生活中极为重要的一部分。1066年，征服者威廉在成功征服英格兰后，于1070年左右选择这里作为建造城堡的地点。温莎在控制伦敦以西的泰晤士河方面具有重要的战略意义，温莎城堡是围绕伦敦的一系列城堡之一，也是威廉在整个英格兰大规模建造城堡计划的一部分，以此确立他在新领土上的权威。

这座早期的建筑与现代的宏伟宫殿完全不同，而是采用了简单的木土结构的土丘堡加围场的设计。如今仍能看到土丘部分，就是城堡中央的圆塔。后来又增加了第二个围场，这些建筑的总体形状仍然可以在城堡的设计中看到，下区和上区由圆塔分隔，形成了现在可供探索的城堡的基本布局。

温莎城堡毗邻伦敦和旧时的皇家狩猎场，因此备受君主们的青睐。这些狩猎场在11世纪80年代的《末日审判书》中有所记载。狩猎一直是王室贵族们非常喜爱的消遣活动，这使得温莎城堡从单纯的军事堡垒，变成了备受喜欢的住所。

事实上，温莎城堡与王室的关系难以言喻。几个世纪以来，这里一直是39位英格兰和英国君主的居所。第一位入住的君主是亨利一世，时间大约在1110年。之后，历代君主不断扩建和改进城堡，增建了石墙，增添了更多的王室居室。

尽管城堡最初用于军事目的，但实际上它经历的战斗却非常少。著名的《大宪章》的签署者约翰国王忠诚的军队在13世纪初曾在此抵御过围攻，但除此之外城堡的防御设施几乎没有受到过考验。相反，作为一座宫殿，它见证了更多的重要历史事件。

尽管城堡很少经历军事行动，但其雄伟的防御工事为许多君主提供了安全的避风港，它的实力和地理位置使其成为抵御任何威胁或风暴的理想之地。

14世纪，爱德华三世花费巨资将城堡改造成他的权力宫殿。虽然后来的君主们拆除或改建了他在位时的大部分哥特式建筑，但仍有一些保留了下来，尤其是地窖，这里主要用于储存食物和葡萄酒，但其规模之大令人咋舌。

几个世纪以来，这座巨大的城堡及其周围的土地不断被改造和改建，引入新时尚并抹去旧风格，但仍有无数的线索和痕迹揭示出它作为历代君主青睐的住所，有着非凡的过去。游客可以看到其他君主留下的遗迹，包括亨利八世的城门、查理二世的巴洛克式天花板，以及乔治四世的全面改造，特别是他加高了宏伟的圆塔和城墙，以增加视觉效果。同时，圣乔治教堂则展现了爱德华四世统治时期的建筑设计，还有亨利七世安装的令人惊叹的天花板。

偌大的城堡建筑群的每个房间和角落都浸透着王室的历史，漫步在华丽的装饰中，仍然可以感受到并想象出那些隐藏在闪耀外表背后的故事。

通过城堡内的建筑和收藏的文物，可以了解许多故事。亨利八世的盔甲便是其中之一。这套盔甲是为了适应他那日渐圆

▲ 1992年，圣乔治大厅在一场大火中被烧得面目全非，但经过精心修复后，它又恢复了昔日的辉煌

润的身材而设计的，揭示出这位国王的许多信息，而这些信息是我们无法从其他东西中了解到的——他的身高、体态以及随着年龄增长和更加奢华的饮食习惯而不断增加的腰围。参观者可以将其与悬挂在温莎城堡女王客厅里的亨利八世那幅看似岁月静好的肖像进行对比，肖像中的他看起来威严而又强壮。对这位标志性人物的理解，也可以在圣乔治教堂里找到线索，他和第三任妻子简·西摩一起安葬在这里，这表明他对她的尊重远超其他妻子。

在城堡中伊丽莎白一世的个性痕迹也依稀可见。北露台可以俯瞰整个小镇的迷人景色，是由伊丽莎白建造的，这里是她最喜欢散步、锻炼和思考的地方。游客可以沿着这段城墙漫步，追寻这位英国历史上最著名女性之一的足迹。

也许城堡最黑暗的时期之一是英格兰无王时期，即1649年至1660年英国内战之后英格兰没有国王的时期。查理一世战败并被处死后，被安葬在温莎城堡的圣乔治教堂，他的遗体至今仍安放在那里。城堡里的大部分艺术品和精美装饰被洗劫一空或变卖，城堡也因此破败不堪。

王权复辟后，查理二世修复了温莎城堡，并努力找回许多遗失的艺术品。他用艺术品、家具和装饰品将城堡装饰得奢华无比，堪与欧洲其他宫殿相媲美。他选择了父亲的安息地来进行这项奢华的工程——这是一个象征性的举动，宣告了君主制的胜利回归和至高无上的地位。

在参观国事厅时，游客仍可看到为查理二世设计和装饰的一些房间，在那里可以欣赏到壮丽的巴洛克式天花板和艺术品，以及描绘查理二世的艺术作品，每一件都体现了他的权力。

从国事厅还可以一窥查理二世及其妻子布拉干萨的凯瑟琳的宫廷生活是多么的与众不同。参观者可以依次走过他们的私人房间，房间一个比一个小、一个比一个私密，只有最信任的廷臣和侍从才能进入这些房间。王后宽敞的觐见室通往候客室、餐厅，最后是私人房间，进入这些房间都受到严格控制。

国王的接见也受到控制，但从他的房间可以看出，他的生活一方面是私密和受控制的，另一方面又是公开的。他的接待室和客厅通向卧室，而卧室仍然是宫廷生活的重要场所。每天晚上，国王就寝时，会允许亲信廷臣进入卧室陪伴左右，并在他醒来时再次侍奉。参观者还可以经过国王的密室，这个房间只有查理二世和一位亲信仆人拥有钥匙，这里或许是他唯一享有私人空间的地方。

维多利亚女王的一生也与温莎城堡密切相关，这里给她带来了无尽的哀伤。她将城堡作为自己的主要住所，她心爱的丈夫阿尔伯特亲王在城堡的蓝厅去世，女王随后将这个房间留作纪念他的圣地，常常在这里祈祷。整个城堡多年沉浸在悲痛之

▲ 皇家卫队换岗仪式是几乎每天都会进行的传统活动，体现出一种仪式感

如果英国皇家旗高高飘扬，那么女王就住在这里。

中，宏伟的厅堂都笼罩着哀思。如今，她与阿尔伯特亲王一起安葬在福克莫尔，距离城堡仅几步之遥。

温莎城堡在王室生活中一直非常重要，因此1917年王室将"温莎"作为家族姓氏，放弃了"萨克森-科堡-哥达"这一姓氏。当时，英国正与德国交战，在德国哥达轰炸机空袭伦敦之后，乔治五世决定采用一个更具英国特色的名字。这种与城堡的关系也体现在温莎家族的王室徽章上，徽章上描绘了城堡宏伟的圆塔。

温莎城堡并不仅仅是一座纪念碑或博物馆，它仍是一座功能齐全的王室住所，至今仍在发生着新的故事。哈里王子和梅根·马克尔在这里的小教堂举行了婚礼，而女王伊丽莎白二世在世时则常年在这里举行国宴和礼仪活动，并定期居住在王室寓所里。有一个关键的标志是旗帜：如果英国皇家旗高高飘扬在圆塔上方，那就说明女王正在城堡中居住。

在国事厅的"礼仪之旅"中，游客可以参观许多仍在进行礼仪活动的房间，深入了解女王要履行的职责和职能。

有些职能与嘉德骑士勋章有关。1348年，爱德华三世为24名忠诚的骑士建立了嘉德骑士团，它以温莎城堡为基地，一直延续至今。剑桥公爵于2008年成为第1000名嘉德骑士。在城堡的国事厅内设有专门用于骑士团的礼仪室，在这里可以举行授勋仪式和会议。圣乔治教堂也与嘉德骑士团有着密切的关系，是骑士团的精神家园。

女王还使用城堡中一些最奢华的房间——乔治四世的半国事厅和客厅，这些房间组成了他的私人寓所。这些华丽而又舒适的房间——其中的红厅和绿厅可以参

温莎毗邻泰晤士河和伦敦，是修建防御工事的理想地点

观——曾是女王进行官方招待的场所。这些房间和其他国事厅在1992年被大火烧毁，后来经过精心修复，如今恢复了昔日的辉煌。有些地方甚至进行了彻底改造，这反映出城堡仍在运作、发展和变化。

这些房间还通向一个更为私密的餐厅，女王经常在这里举办"晚宴及过夜"活动，邀请来自社会各界的贵宾。这些王室的过夜活动让女王能够汇集一群来自不同领域的杰出人士。

宴会厅如今仍用于国事访问，在豪华的环境中同时招待数百名宾客，高高的乐队台为客人们带来悠扬的音乐。所有客人的餐食都来自大厨房——这是英国最古老的厨房，如今仍在使用，已有大约750年的历史。这或许是温莎城堡作为重要历史遗迹和当今王室生活一部分的最佳体现。

与王室有关的城堡

王室城堡遍布英国的每个角落

卡那封城堡
圭内斯郡，威尔士

卡那封城堡最初建于 11 世纪，是一座土丘加围场的城寨式城堡，到了 13 世纪，爱德华一世将其改造，充分表明对北威尔士强有力的控制权。它的城墙和塔楼保存完好，让人对城堡中的生活充满浪漫的遐想，而城堡周围的小港口和小镇，则彰显了城堡的重要地位。

利兹城堡
肯特郡，英格兰

这座风景如画的城堡坐落在一个湖心岛上，由一座精美的石桥连接，美丽又浪漫，但它最初在 12 世纪建造时，却是一座防御性的建筑。亨利八世及他的第一任妻子阿拉贡的凯瑟琳以及其他国王都曾在此居住，因此这座城堡与王室有着密切的联系。其宁静的环境也使它成为现代外交会谈的理想地点。

票价
成人 9.9 英镑；儿童 6 英镑

开放时间
7月—8月1日 上午9时30分—下午6时
9月—10月 上午9时30分—下午5时
11月—2月 上午10时—下午4时

票价
成人 26 英镑；儿童 17.5 英镑

开放时间
10月—3月 上午10时30分—下午4时
4月—9月 上午10时30分—下午5时30分

沃尔默城堡
肯特郡，英格兰

这座城堡由亨利八世建造，最初是为了抵御法国对英格兰南部的入侵。像许多与王室有关的城堡一样，它很快就摆脱了最初的军事用途，转变成一所住宅。如今，这里的展览揭示了包括威灵顿公爵在内的一些曾在城堡里居住过的名人的生活，城堡周围环绕着迷人的花园。

票价
成人 12.2 英镑；儿童 7.3 英镑
开放时间
上午 10 时—下午 5 时

巴尔莫勒尔城堡
阿伯丁郡，苏格兰

巴尔莫勒尔城堡是英国王室在苏格兰的宅邸，是阿尔伯特亲王送给维多利亚女王的礼物。自从 1852 年王室获得这块土地以来，这里就一直是王室成员喜爱的世外桃源。从这里可以窥见维多利亚女王及其继任者们的生活品位和休闲理念。不过由于城堡是女王的私人居所，这里大部分区域都不对游客开放。

票价
成人 12 英镑；儿童 6 英镑
开放时间
4 月—8 月 上午 10 时—下午 5 时

29 多佛城堡

多佛
英格兰

票价
成人 20.50 英镑；儿童 12.50 英镑
开放时间
上午9时30分—下午6时

多佛城堡几个世纪以来一直是英国防线的第一道屏障。它位于东南海岸，其大炮对准英吉利海峡对岸的加来，是一座气势恢宏的建筑群，这座英格兰最大的城堡并没有在中世纪就退出历史舞台，在第二次世界大战中，它曾用作防空洞、军事医院以及敦刻尔克大撤退的指挥部。如今，这座城堡归英格兰遗产委员会所有，无论对哪个时期感兴趣，都可以在这里度过完美的一天。

"闹鬼"的城堡

潜藏在欧洲古堡黑暗角落里的传说

当夕阳西下,光线被升起的地平线吞没时,黑暗降临,笼罩着眼前的一切。午夜魔法时刻即将来临。白天看似无害的建筑和场所在夜幕下都披上了一层阴森的面纱,梦境与噩梦充斥着附近那些睡眠者的思绪。

在欧洲,一些"闹鬼"最多的城堡开始复活,走廊里回荡着去世已久的居民的尖叫声,地牢里仍回荡着最后一位受害者的呻吟和抽泣,花园则留下了魔兽们的足迹。

有些鬼故事与历史上著名的冤魂有关,比如斯特林城堡的"粉红夫人"的故事,据传是1543年在此加冕的苏格兰女王玛丽的鬼魂。"绿夫人"也在布里萨克城堡的走廊里游走,据说她在进入灵界之前是玛丽的女仆。在这些城堡中,"闹鬼"并不是唯一的恐惧来源,以罗马尼亚的科尔文城堡为例,传闻中的"穿刺者弗拉德"生前曾到访过这里,令游客不寒而栗。重建的酷刑室更增添了恐怖的气氛。

在接下来的篇幅中,我们将去探索欧洲一些著名的"闹鬼"城堡——从爱尔兰魔鬼出没的利普城堡到奥地利的莫斯哈姆城堡,后者因在萨尔茨堡女巫审判中扮演的恐怖角色而更加广为人知,被称为"女巫城堡"。

今天所看到的 17 世纪风格是由科塞的查理二世委托建造的

布里萨克城堡

夏洛特·德·布雷泽和她情人的尖叫声萦绕在布里萨克城堡的走廊上

布里萨克-昆西，法国

几个世纪以来，壮丽华美的布里萨克城堡一直是卢瓦尔河谷的标志性建筑。这座城堡始建于11世纪，后于15世纪重建，1611年再次重建。今天我们看到的这种17世纪风格，是由布里萨克第一代公爵科塞的查理二世委托建造的。然而，在这令人印象深刻的巴洛克风格的外观背后，却隐藏着这座城堡悲惨历史的秘密。

15世纪发生的一起双重谋杀案一直困扰着这里的居民，"绿夫人"的幽灵让游客们胆战心惊。城堡在15世纪重建后，委托重新设计的男人的儿子雅克·德·布雷泽继承了这座建筑。雅克娶了一位名叫夏洛特的女人，她是法国国王查理七世宠爱的私生女，但他们的婚姻并不幸福。

尽管夏洛特有五个孩子，但她还是移情别恋，爱上了丈夫的猎人皮埃尔·德·拉弗涅，两人开始了一场疯狂的

▲ 科塞的查理二世获得了法国亨利四世的资助，用于重建城堡

▲ 城堡内的小剧场上演着场面令人不寒而栗的舞台剧

▲ 参观布里萨克城堡的游客声称听到了被谋杀者临死前的尖叫声

婚外情。据传说，雅克有一次撞见了妻子和她的情人纠缠在一起。

至此，记录变得模糊不清。有人说这对恋人是当场被杀的，雅克的剑砍了他们100多下。也有人说，雅克是伺机分别杀害了这对情人。按照这种说法，夏洛特据称是在城堡的小教堂里被杀的。

得知同父异母的妹妹被谋杀的消息后，国王路易十一勃然大怒。雅克被捕并被判处死刑。但在雅克临死之前，路易十一的继任者查理八世推翻了这一指控，雅克因此幸免于难。

直到今天，仍有人声称看到夏洛特的幽灵在小教堂的塔楼里游荡。她被称为"绿夫人"。那些足够"有幸"入住城堡过夜的客人中，有人提到他们在清晨的走廊上听到了"绿夫人"令人毛骨悚然的惨叫声和呻吟声。

票价
成人 10欧元；儿童 4.50欧元

开放时间
一年中会有变化，请查看网站

科尔文城堡

探访历史上最臭名昭著的王子的囚禁地

胡内多阿拉，罗马尼亚

关于特兰西瓦尼亚的科尔文城堡的历史真相可能很难确定。这里充满了跌宕起伏且诡异的传说，其中最有名的可能要数"穿刺者弗拉德"了，他是罗马尼亚15世纪残暴的瓦拉几亚亲王。这位亲王以其标志性的手段而闻名，就是将敌人穿刺在木桩上，这一手段在他争夺瓦拉几亚控制权的过程中更加炉火纯青。瓦拉几亚曾被贵族从他父亲手中夺走，后来他们暗杀了他的父亲。与此同时，弗拉德和弟弟被送到奥斯曼帝国苏丹穆拉德二世的宫廷里，作为他们父亲支持奥斯曼帝国政策的人质。

流行的说法是，弗拉德被囚禁在城堡的地牢里多年，其间他精神失常，思想变得比以往任何时候都要阴暗。然而，亲王是否曾被囚禁在这里从未得到证实，但人们认为，即使他曾被囚禁，那也只是几个月的时间。无论如何，传说中关押弗拉德的地牢目前对游客开放了。

城堡里有很多诡异之处，从刑讯室到有着令人不寒而栗的传说的深井。三个土耳其人被囚禁在城堡里建造了这口井，城堡主人告诉他们，如果他们打出水来，就会获得自由。他们打出了水，但主人却出尔反尔，没有给他们自由。据说其中一个人在井壁边写下了这样一句话："你现在有水了，但你没有心。"

票价
成人 30 列伊；学生 7 列伊
开放时间
周一上午 12 时—下午 5 时；
周二—周日 上午 9 时—下午 5 时

莫斯哈姆城堡

女巫城堡是历史上最残忍、最血腥的审判中心

纽伦堡，奥地利

32

莫斯哈姆城堡的历史可以追溯到12世纪，难怪它的过去会让人不寒而栗。

莫斯哈姆城堡俗称"女巫城堡"，奥地利历史上一些最黑暗的时刻就发生在这里。1675年至1690年间，这里曾是萨尔茨堡女巫审判的中心，那些被指控施展巫术的人在这里受审、受刑并定罪。在这15年的审判中，有130多人被判处死刑，还有无数人在囚禁者手中遭受了恐怖的折磨、暴行和虐待。

有意思的是，被审判并指控施巫术的大多数人是男性，而且指控者并不在乎被指控的对象是谁——被执行死刑的人从10岁到80岁都有。可以说，那些未被处死的人遭遇的命运比被杀害的人更悲惨。成千上万的人遭受酷刑，每个人都被烧红的烙铁打上烙印，伤疤伴其一生。直到临死前，他们都被标记为巫师。

大多数被指控施巫术的人是乞丐、贫民和无家可归者。有一个12岁的男孩，被称为"巫师杰克尔"。1675年，在他母亲被处死后，他失踪了，政府疯狂地追捕他。尽管两年后听到了这个男孩死亡的传言，但他在街头的朋友们还是集体被抓，罪名是他们被死去已久的朋友传授了黑魔法。在酷刑下，他们讲述了杰克尔的法力和野蛮行径，声称他可以隐身，最终让政府相信，还是不要找到这个男孩。

19世纪，城堡周围发现了数百头鹿和牛的尸体。许多居民自然而然地得出结论，认为是狼人害死了这些动物，于是在狼人的幌子下，有几名城堡居民被审判并被处死。

时至今日，这座城堡仍然充斥着一些超自然现象。参观过城堡的人声称感觉到有人在他们身后呼吸，还有人声称被某种无形的东西触摸过，也常有报告说听到了敲击声和脚步声。

票价
成人11欧元；儿童6欧元

开放时间
时间常年变化

在这里，年仅 10 岁的儿童就曾因被指控施巫术而被审判和处死

德拉格斯霍姆城堡

丹麦最古老的城堡之一

赫沃，丹麦

德拉格斯霍姆城堡建于1215年左右，由罗西尔德主教建造，其历史既丰富有趣，又令人毛骨悚然。中世纪，城堡经过大修和彻底加固，成为当时最坚固的防御工事。在1533年至1536年的奥尔登堡伯爵争夺战中，城堡在奥尔登堡伯爵克里斯托弗的军队的猛烈攻击下屹立不倒，这就是城堡坚固的最好证明。

宗教改革之后，德拉格斯霍姆城堡归国家所有，随后被改造成一所监狱，关押贵族和高级别囚犯。在这里，每个

▲ 城堡曾被用作监狱，关押贵族和高级别的囚犯

▲ 如今，游客们可以在气氛浓郁的城堡内用餐

囚犯都有一间专门为其建造的牢房，而东北塔楼里的牢房则配有厕所和窗户。

德拉格斯霍姆城堡最臭名昭著的囚犯或许是第四代博斯韦尔伯爵詹姆斯·赫本，他最为人所知的身份是苏格兰女王玛丽的第三任丈夫。1573年，这位伯爵在挪威被捕，按照丹麦国王弗雷德里克二世的命令，他被押送到德拉格斯霍姆城堡。在这里，他被绑在一根柱子上，仅有足够的食物和水来维持生命。据称他最终疯了，在被捕近五年后死去。据说他的鬼魂仍在城堡中游荡，有目击者称曾看到这位声名狼藉的伯爵乘着马车进入庭院，还能听到马蹄声在整个城堡回响。

据说，除了詹姆斯·赫本外，还有超过99个鬼魂常出没于城堡的走廊。疯狂的乡绅——一位死于德拉格斯霍姆城堡的丹麦贵族，他的呻吟声常从地牢里传出；还有两位女士也常在走廊里出没，一位是失宠的贵族之女，另一位是心怀感激的工人。在城堡工作多年的"灰衣女子"，有一天上班时抱怨牙痛。主人给了她一些止痛的东西，但不幸的是，她后来死了。然而，因为感激主人曾给予她的帮助，她的鬼魂留在了这里。

然而，"白衣女子"却在给父亲带来耻辱之后去见了上帝。卡琳娜·鲍尔斯是一位贵族的女儿，她爱上了一位普通平民，并怀上了他的孩子。随着她私通的证据越来越多，她的父亲意识到她所犯下的罪行，于是将她锁在房间里，直到她死去。无独有偶，在20世纪的一次翻修中，人们发现了一具身穿白裙的女性骸骨。

票价
根据团体人数而有所不同

开放时间
有关导游时间，请查看网站

埃尔茨城堡

一个幽灵在城堡地面上徘徊，守护着自己的家园

维尔舍姆，德国

这座12世纪的城堡至今仍由建造它的家族所拥有，这里曾是阿格尼丝·埃尔茨的家。她在16世纪左右长大，与兄弟们一起假扮成战士。但像其他同龄和同地位的女孩一样，阿格尼丝从小就注定要经历一场包办婚姻。她父母选择的是布劳恩斯伯格骑士，但年轻的女孩嫌他无趣，对他不理不睬。

有一天，骑士被阿格尼丝的无动于衷激怒了，他一把抓住阿格尼丝并强奸了她。愤怒的阿格尼丝一把推开他并扇了他一耳光。骑士忍无可忍，冲出城堡，发誓要报仇。

随后几个月，埃尔茨家族一直生活

据说在城堡的大门外有一个幽灵骑士

埃尔茨家族在这座城堡中已经居住了 33 代人

在被攻击的恐惧中，但攻击并没有发生。他们被安全感所麻痹，恢复了正常的生活，但骑士却并没有忘记。一天，当埃尔茨家族的人外出打猎时，布劳恩斯伯格和他的士兵冲进城堡，袭击了所有看到的人。阿格尼丝奋不顾身地扑了上去，但布劳恩斯伯格进行了反击，阿格尼丝胸部受到致命一击。搏斗结束后，骑士才意识到他杀死的竟是自己的未婚妻。

传说当阿格尼丝的鬼魂保卫她的城堡时，城堡大门外出现了一个骑着马的幽灵——那是布劳恩斯伯格骑士的幽灵——在寻求宽恕。

票价
成人 10 欧元；儿童 6.50 欧元

开放时间
上午 9 时—下午 5 时 30 分

利普城堡

家族世仇让利普城堡成为爱尔兰"闹鬼"最多的地方

35

罗斯克雷,爱尔兰

利普城堡号称是全爱尔兰"闹鬼"最多的地方,这里隐藏着一段黑暗诡谲的过去。据称,它建在一个德鲁伊教入会仪式的遗址上。

城堡最初由奥班农家族建于13世纪,当时该家族正处于两难境地——两兄弟争夺族长之位。为了解决这个问题,兄弟俩都跳进了一个岩石峡谷,幸存者获得了族长头衔。

200年后,基尔代尔伯爵几次试图夺取这座城堡,最后一次成功摧毁了城堡的一部分。不久后城堡落入奥卡罗尔家族之手。奥卡罗尔家族也陷入了严重的兄弟阋墙之中。1532年,族长穆鲁尼·奥卡罗尔夫世后,两个儿子为争夺领导权而大打出手。他们两人一个是战士,另一个是牧师,都声称自己有权领导家族。一天,当牧师正在为一些家庭成员做弥撒时,他的兄弟冲了进来,用剑直刺牧师的心脏。牧师倒在祭坛上,鲜血浸透了祭坛。

留在利普城堡的不只是那位牧师,还有两个年幼女孩也在这里被看到过。她们通常被看到一起玩耍,也有人称看到其中一个女孩从城垛上摔下来,而另一个女孩则被看到拖着一条畸形的腿行走。这对姐妹——艾米莉和夏洛特,据说在17世纪就居住于此。

即便在今天,城堡的现任主人肖恩·瑞安也报告了一些奇奇怪怪的事情。目前城堡正在进行翻修,肖恩报告称梯子被人从墙上推了下来,还发生过其他不明原因的事故,导致工人们骨折。

▶利普城堡据说建在两条地脉的交叉点上

海军中将乔治·达比,其家族在城堡里经历了大部分报道过的超自然事件

豪斯卡城堡

这里隐藏着一个非常险恶的秘密

多克西小镇，捷克

在距离布拉格约50公里的地方，矗立着一座看似毫无用途的建筑。豪斯卡城堡由波希米亚统治者奥托卡二世建于13世纪，此后几经易手，在16世纪晚期经历了文艺复兴风格的改造，但到18世纪陷入荒废。到了20世纪，豪斯卡城堡的奇特传说引起了一个特殊群体的注意：纳粹。

与同一时期的其他堡垒不同，豪斯卡城堡并非用来安置国王。它不靠近任何贸易路线，也没有水源。防御设施建在城堡内部，而非外部——城堡与其说是把人挡在外面，不如说是用来困住某些东西。

据传说，数百年来，豪斯卡城堡一直存在着一个无底洞，它是恶魔和邪恶生物进入人间并恐吓人类的通道。长期以来，当地人一直对这里避而远之，即使到今天，人们也对这座城堡敬而远之，只有充满好奇的人才敢踏足这片土地。

在这个命运多舛的洞穴上方矗立着一座小教堂，供奉的不是别人，正是天使长米迦勒。

然而，在这个教堂建造之前，此洞

▲ 小教堂里供奉天使长米迦勒

▲ 小教堂的墙壁上装饰着许多壁画

▲ 城堡奇异的传说吸引了纳粹

曾参与过一些试验。有人试图用石头把它填满,但无论扔进多少石头,洞似乎永远都填不满。据称,一位公爵非常想弄清楚这个洞的秘密,于是召集了一些被判处死刑的囚犯,并提出如果他们同意被放入洞里,就将他们赦免。许多人同意了,以为能保住性命。他们错了。当其中一个人被放下去时,寂静无声。几分钟后,他那无法控制的尖叫声从洞的深处回荡起来。当他被拉上来时,人们发现他的头发已经变白,人看上去也老了几十岁。他们没有弄清楚洞里有什么——但囚犯却被逼疯了,几天后就死了。

正是这些故事和灵异事件在20世纪引起了纳粹的注意。从1939年到1945年,豪斯卡城堡曾是神秘试验的大本营,但记录已被销毁,这里发生了什么也不得而知——我们可能永远也不会知道。

票价 成人 100 捷克克朗;优惠价 70 捷克克朗
开放时间 时间有变化,请查看网站

37

莫里茨堡

从奢华的狩猎别墅到童话般的宫殿，
这座宏伟的城堡巍然耸立在树林之中

莫里茨堡，德国

罗斯·汉密尔顿

当萨克森公爵莫里斯选中德累斯顿郊外郁郁葱葱的弗里德瓦尔德作为狩猎行宫的理想之地时,萨克森还是神圣罗马帝国不可分割的一部分。

莫里茨堡以其创建者的名字命名,其历史跨越了几个世纪,但其宏伟的建筑结构和优美的自然环境使它一直是人们关注的焦点。该建筑建于16世纪40年代,最初是莫里斯以文艺复兴风格建造的世外桃源,随后许多萨克森选帝侯对其进行了扩建和开发,直到奥古斯特二世(又称"强力王")决定必须建造一座更加豪华的城堡。

奥古斯特有自己的做法。他在此地建造的醒目的黄白相间的宫殿傲然耸立,四座圆顶塔楼从清澈的湖中拔地而起,俯瞰着周围的景色。不过尽管莫里茨堡拥有巴洛克式的富丽堂皇,但由于它位于森林边缘(现在森林面积已大为缩小),仍然给人一种荒野绿洲的感觉。一条宏伟开阔的道路穿过花园向北延伸,很快就被缠绕的绿色植物所吞没——在莫里茨堡的鼎盛时期吸引了中欧各地的贵族前来狩猎。

莫里茨堡内外都体现着这种狩猎传统。雕刻的鹿头装饰着城堡的南北外墙,宽敞的宴会厅里回荡着萨克森王室丰盛狩猎宴的余音。如今的莫里茨堡成为一座纪念碑,是萨克森历史上最奢华和动荡时期的见证,展现了那个早已逝去的奢华时代的魅力。

▲ 一幅19世纪奥古斯特二世肖像复制品,原作由路易斯·德·西尔维斯特创作于1718年

▲ 一张 1912 年的照片，照片中的城堡被湖泊环绕

票价
成人 8 欧元；儿童 1 欧元
开放时间
上午 10 时—下午 5 时

小雉鸡城堡
更为雅致的宫殿，坐落在其更大的姊妹宫殿的庭院里

当王室成员需要从他们的乡间别墅中暂时抽身，他们会去哪里呢？莫里茨堡提供了一个解决方案，它的"小雉鸡城堡"就位于主城堡以东一个具有田园风光的地方。长期以来，这里一直是莫里茨堡的野鸡苑（因此而得名），饲养的鸟类既可以为城堡居民提供肉食，也可以放归到周围的林地中，以维持狩猎野生动物的数量。

今天看到的这座迷人的宫殿建于18世纪70年代，由德累斯顿的建筑师约翰·丹尼尔·沙德设计，融合了经典的巴洛克元素和更为简洁的洛可可风格。该建筑群秉承其传统，以鸟舍为特色，即使在1815年左右停止野鸡饲养后，这里继续饲养珍奇鸟类。尽管后来在20世纪这座城堡一度失宠，但2007年完成的修复工程帮助它恢复了昔日的辉煌。

驯化公园与野生森林
自然与人工在城堡庭院内的碰撞

莫里茨堡及其周边环境将高雅与不羁、人造与自然、秩序与混乱巧妙地融合在一起。城堡所在的湖泊和岛屿是人工建造的，但其周围的大部分林地多年来一直刻意保持着野生状态，这是因为狩猎对莫里茨堡及其几代王室居民非常重要。如果冒险走进周围的树林，你会发现一条条杂草丛生的小径纵横交错，最终都通向中央那座废弃的林中小屋。

自18世纪初奥古斯特二世时期以来，人们已多次尝试在城堡北部的密林中开辟永久花园。但迄今为止，还没有一个花园项目完全竣工。

灯塔对游客开放，5月至10月间的每个周日都可以登塔参观

内陆灯塔

这座浮华的建筑在莫里茨堡附近的湖面上熠熠生辉

莫里茨堡距离最近的海岸线大约370公里，因此很难想象这里会是一个能看到灯塔的地方。奥古斯特三世于1776年在位期间建成这座功能完备的灯塔。这座引人注目的灯塔矗立在通往大湖的微型栈桥的尽头，粉红色的砖砌结构非常醒目。

就像湖泊（在德语中被称为teich，即池塘）本身一样，灯塔及其周围的模拟港口都是真实建筑的缩小版，用于为莫里茨堡小镇的居民举办小型的海战再现活动。船上会装有发射烟花的迷你火炮——对于萨克森选帝侯来说，精确性不重要，重要的是场面壮观。

宴会厅

在莫里茨堡,狩猎的象征随处可见,但最引人注目的莫过于城堡壮观的陈列室。虽然它称为餐厅,但这个华丽的宴会厅可不仅仅是餐厅。它体现了奥古斯特二世所构想的宫殿精神——以奢华的巴洛克风格诠释阿尔忒弥斯神庙,而这座神庙本身就是希腊狩猎女神的纪念碑。

莫里茨堡始终强调体育和狂欢,为人们提供了一个逃离附近德累斯顿政治事务的场所。在这里,城堡的王室居民及其贵族宾客可以盛宴欢饮,分享当天的狩猎故事。大厅的墙壁上装饰着70多组鹿角,这些鹿角经常被称为世界上最重要的战利品收藏。这种效果确实令人惊叹,但也有点恐怖。尽管这些藏品让人印象深刻,但实际上很少有标本是在莫里茨堡猎获的。相反,它们大多是奥古斯特二世购买的,或是宫廷贵族来访时捐赠的礼物,其中最珍贵的是一套巨大的鹿角,属于早已灭绝的巨型赤鹿。然而,不管它们的来源如何,宴会厅里的这些东西仍然是选帝侯财富和权力的有力见证。

◀装裱好的战利品装饰着莫里茨堡宴会厅的墙壁

怪兽厅

　　莫里茨堡的"怪兽厅"虽然保持了城堡其他房间的浮夸风格，但同时也充当了城堡恐怖屋的角色。这个"怪兽厅"拥有高高的天花板和巨大的壁画，精美地描绘了神话场景，但这里的焦点还是战利品。虽然此处鹿角的数量没有宴会厅多，只有39套，但它们之所以被选中，是因为形状不同寻常，甚至是怪异。展览的亮点是一组欧洲马鹿鹿角，令人惊叹。据说这只动物是勃兰登堡的选帝侯腓特烈一世在17世纪晚期猎杀的。腓特烈一世后来成为普鲁士的第一位国王，不过他可能再也没有收集到如此令人赞叹的战利品。

台球室

在漫长的一天狩猎之后,或者在天气不宜户外活动的下午,台球室为莫里茨堡的居民提供了另一个打发时间的豪华休闲场所。自16世纪以来,台球运动一直是欧洲贵族流行的消遣方式。台球室这间屋子的名字来自中央那张台球桌,名字有些平淡,而且大概是这个华丽大厅中最低调的部分。人们的目光经常被墙壁上气势恢宏的油画所吸引。这些创作在镀金皮革上的杰作是奥古斯特二世专门为这个房间定制的,出自他的法国宫廷画家路易·德·西尔维斯特(Louis de Silvestre)之手。

选帝侯室

莫里茨堡有两个较为私密的房间以建造者的头衔命名,在萨克森从选侯国演变为王国,乃至如今成为德国境内的自由州之后,这一传统依然保留。这两个房间均采用深色木质镶板和宫殿标志性的皮革墙面,装饰华丽,不过路易·德·西尔维斯特的神话画作在这里被更抽象的花卉图案所替代。每个房间的边缘挂着萨克森选帝侯的肖像,同时房间里都有一些精美的漆器家具,包括装饰华丽的书桌和一对精美镀金的独立式钟表。

城堡小教堂

莫里茨堡小教堂是一个令人惊叹的礼拜场所，它有精美的白色圆柱、灰泥装饰和镀金点缀。该教堂始建于1661年，由路德教选帝侯约翰·乔治二世下令建造，在17世纪末奥古斯特二世统治时期变为天主教堂。奥古斯特皈依天主教与其说是源于宗教觉醒——在此之前，萨克森一直是欧洲新教的堡垒——不如说是源于他对王室头衔的渴望。作为天主教徒，他有资格登上波兰王位，并于1697年加冕为波兰国王。该教堂一直是新教国家的天主教堂，直到今天仍定期举行礼拜仪式。

▲ 这个房间的名字来源于这张床，因为它的床篷和帷幔是由100多万根羽毛编织而成的

羽毛室

莫里茨堡中到处是无价之宝，从装饰墙壁的狩猎战利品到遍布大厅的精美瓷器作品，无不令人叹为观止。不过，这座城堡最大的亮点之一是其众多卧室中的一间。

德语The Federzimmer，或称"羽毛室"，与莫里茨堡一些更为豪华的房间相比，它的装饰相对简朴，但它有一大显著特色——那张华丽的床。床篷和帷幔由超过100万根羽毛编织而成——混合了孔雀、野鸡和鸭子的羽毛——这是一件顶级工艺品。

经过精心修复后，这张床于2003年重新对公众开放。该床的挂毯栩栩如生，上面满是红橙绿等色调的花卉图案。这是奥古斯特二世最喜爱的家具之一，这位选帝侯曾将帷幔拆下改作壁挂，效果令人惊叹。

关于这张床的制造情况存在一些争议，对其是如何落入奥古斯特之手的说法也各不相同。其中一种说法是，这张床是西班牙国王在选帝侯斗牛获胜后送给他的礼物。目前已知的是，奥古斯特最初获得这张床时，曾将其移至德累斯顿刚刚完工的日本宫殿。1830年，在萨克森的安东尼统治时期，它最终在莫里茨堡安家。

萨克森其他地方

在莫里茨堡附近发现更多城堡

科尔迪茨城堡

拥有 1000 多年历史的科尔迪茨城堡，或许其最著名的就是在"二战"期间用作军事监狱。无论对它的哪段历史感兴趣，这里都值得一游。

迈森阿尔布雷希茨堡城堡

这座位于易北河谷的晚期哥特式杰作被认为是德国最古老的宫殿建筑，其内部和外部同样令人惊叹。购买联票还可以参观迈森大教堂。

柯尼施泰因城堡

　　这座城堡融合了哥特式、文艺复兴式和巴洛克式建筑风格，拥有 2.2 公里长的城墙，可以漫步其中，欣赏萨克森乡村的壮丽景色。它是德国游客最多的景点之一，原因不难理解。

米尔登施泰因城堡

　　米尔登施泰因城堡的历史可以追溯到 1046 年，千年间见证了无数人和帝国的兴衰。这里经常举办有趣的展览，非常值得一游。开放时间一年四季会有变化，因此请务必提前查询。

克里布施泰因城堡

　　想重温盔甲骑士和宫廷贵妇的时代吗？不妨到克里布施泰因城堡一游，在美丽的建筑群中漫步。它位于德累斯顿、开姆尼茨和莱比锡之间，错过这里可就太可惜了。

法国城堡

除了美景之外，法国的城堡
还是该国丰富多彩的历史的鲜活见证

几个世纪以来，法国一直屹立于欧洲强国的前列，数百座城堡矗立在法国的山谷、河流和丘陵之上，成为对往昔辉煌岁月的纪念。波光粼粼的护城河、藤蔓缠绕的塔楼和绵延不断的城墙，法国无数风景如画的城堡各具特色，雄伟壮丽。

皮埃尔丰城堡

皮埃尔丰，法国

票价
成人 8 欧元；优惠价 6.5 欧元

开放时间
时间常年变化

盖拉德城堡

雷安德利斯，法国

票价
成人 3.50 欧元；优惠价 3 欧元

开放时间
开放时间全年不同

皮埃尔丰城堡位于巴黎东北 50 英里[①]处，白色的石砌塔楼从贡比涅森林的腹地伸向天空。这座庞大的城堡建于 14 世纪晚期，在荒废了几十年之后，拿破仑三世委托著名建筑师欧仁·维奥莱尔·杜克（Eugène Viollet-le-Duc）将其重建成一座完美的中世纪城堡。

城堡的八座塔楼上装饰着勇士和骑士的雕像，包括恺撒大帝、亚历山大大帝和查理曼大帝等。通过吊桥进入城堡，内部庭院的两侧是宏伟的国事厅、小教堂和方形塔楼。在城堡的主楼内，宏大的接待厅装饰着令人印象深刻的匈牙利橡木雕刻的奇异怪兽，象征着帝国的权力。城堡的每个角落都装饰着石像鬼（滴水嘴兽）和神兽，包括一只长着鹈鹕头和蝙蝠翅膀的古怪青蛙的雕塑。

盖拉德城堡位于皮埃尔丰城堡以西，坐落在俯瞰塞纳河的山顶上。这座中世纪城堡是奉狮心王理查（Richard the Lionheart）之命建造的，仅用了两年时间，而同类建筑则需要十多年才能完工。

尽管盖拉德城堡的建造速度极快，但它仍是军事创新的杰作。城堡采用同心圆设计，拥有三个堡垒般的内院，每一个内院都由凿石而成的干壕沟保护。此外，它还是欧洲最早使用突堞的城堡之一——从开孔中向入侵者倾倒热油或投掷重物。

如今，这座曾经强大的堡垒已荒废，但仍有大部分屹立不倒，其中包括拥有弯曲扇形设计的内城郭，上面有箭孔。这种创新的形状是为了抵御攻城机械的冲击，使敌人无法在一个完全平坦的表面发动攻击。此外，圆形城墙上的箭孔还为弓箭手

[①] 1 英里约为 1.6093 公里。

45

香波城堡

香波堡，法国

票价
成人 14.5 欧元；优惠价 12 欧元

开放时间
开放时间有变化

提供了更广的攻击角度。

虽然盖拉德城堡的遗迹让人们领略了历史上最具传奇色彩人物之一的想象力，但这座堡垒只坚守了几年就被攻克了，与其设计者的命运终结相呼应。

向南大约170英里，有座砂岩杰作——香波城堡——从青翠的卢瓦尔河谷中浮现出来。该城堡坐落在欧洲最大的封闭式森林中，公园面积与巴黎大小相当，城堡宽阔的外立面上装饰着六座巨型塔楼、800根柱子和近300个烟囱。

弗朗西斯一世建造的这座巨大城堡，是对文艺复兴式建筑风格的奢华弘扬，既使人印象深刻，又令人望而生畏。城堡原本被设计为狩猎行宫，于1519年开始建造，但由于成本迅速攀升，一直未能真正完工。虽然城堡以其童话般的外观而闻名，但其奢华的内部装饰也同样引人注目。宏伟的双螺旋楼梯是城堡的点睛之笔，位于城堡的中心，高达三层。据说这是达·芬奇的杰作，巧妙的设计使上楼和下楼的人永远不会交错。

从标志性的楼梯开始，长廊呈希腊十字形向外延伸，通往426个房间。在二楼，拱形的石制天花板上装饰着弗朗西斯的纹章标志——吐水的蝾螈和字母"F"，上面装饰着藤蔓、绳结和百合花，十分优雅。

城堡外，花园将城堡与森林连接起来。花坛和树篱纵横交错，其中点缀着樱桃树和修剪成形的绿植，其形状与城堡的尖塔相映成趣。花园向林地延伸，林地里活跃着欧洲马鹿、野猪和鱼鹰。夏季，这里的

马术和鸟类表演更是热闹非凡。

从香波堡出发，咫尺之遥便是布卢瓦皇家城堡。城堡高高耸立在以其名字命名的小镇上，几个世纪以来这里一直是权力中心，居住过十位王后和七位国王。

城堡在13世纪至17世纪分阶段建造，其四座宏伟的翼楼展现了城堡建筑的演变

布卢瓦皇家城堡

布卢瓦,法国

票价
成人 12 欧元;儿童 6.5 欧元

开放时间
开放时间有变化

过程，从哥特式到早期文艺复兴式，最后到古典风格。哥特式的翼楼色彩斑斓，瓷砖地板与花纹繁复的墙壁交相辉映。镀金的木镶板巧妙地隐藏了密柜，据说亨利二世那擅长权谋的妻子凯瑟琳·德·美第奇（Catherine de' Medici）就是在这些橱柜里藏匿了毒药。

在圣女贞德于1429年攻破英国人对奥尔良的围攻之前，她也曾在城堡中接受祝福。在路易十二翼楼——现在是美术博物馆——收藏有300件绘画、雕塑和挂毯作品。内庭院设有一个豪华的礼仪楼梯，将室内和室外连接在一起。

在布卢瓦以西仅十英里处，肖蒙堡坐落在卢瓦尔河岸与河谷青翠的田野之间。肖蒙堡建于11世纪，1465年被路易十一夷为平地，并在几年后重建。凯瑟琳·德·美第奇获得这座城堡后，将其赠予了以前的对手黛安娜·德·普瓦捷（Diane de Poitiers），以换取舍农索城堡。

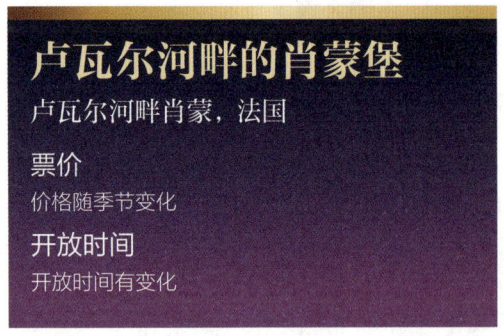

卢瓦尔河畔的肖蒙堡

卢瓦尔河畔肖蒙，法国

票价
价格随季节变化

开放时间
开放时间有变化

昂布瓦兹城堡

昂布瓦兹,法国

票价
成人 12.80 欧元;儿童 8.80 欧元

开放时间
开放时间有变化

如今,凯瑟琳曾经的房间里装饰着一幅精美的挂毯,上面描绘了珀尔修斯和飞马的故事,旁边还有她自己真人大小的肖像。她祭祀用的床上还雕刻着勇士、丰饶之角、水果花环和神秘的美人鱼。

然而,这座城堡最大的亮点还是其广袤的花园,这些花园由著名的建筑师和景观艺术家设计,除了英式花园和日式花园外,还有一座迷人的玫瑰园。水景花园中有旋涡和瀑布,而镜花园则探索了重生的主题。

深入卢瓦尔河谷,昂布瓦兹城堡从一座古老的高卢堡垒的地基上拔地而起。昂布瓦兹城堡的战略地位使其成为几位法国国王的重要王室居所,其中包括亨利二世和他的妻子凯瑟琳·德·美第奇——他们在这里养育了子女——还有苏格兰女王玛丽。达·芬奇在他生命的最后三年,甚至在死后,也将这里视为自己的家。如今,这位天才就安息在城堡礼拜堂中。

与大多数城堡一样,昂布瓦兹城堡也见证过暴力和阴谋。亨利二世死后,朝臣们揭露了绑架少年国王弗朗西斯的阴谋。为了平息叛乱,1000 多名新教徒被杀死,然后吊在城墙上。

城堡最初以宏伟的哥特式风格建造,后来受国王那不勒斯之行的启发,巨大的

49 舍农索城堡

舍农索,法国

票价
成人 14.50 欧元;儿童 11.50 欧元

开放时间
开放时间有变化

欧图塔和勒米姆塔被装饰成意大利风格。花园是这一设想的另一个呈现，由修道士多姆·帕切洛（Dom Pacello）设计，不过这些花园后来已经融入了周围风景如画的环境中。城堡俯瞰卢瓦尔河，在白色和蓝色令人惊艳的外观下隐藏着其历史伤痕，为脚下田园般的集镇增添了一丝戏剧色彩。

舍农索城堡优雅地横跨在谢尔河的一座拱桥上，与周围的环境——从水中升起的白墙和塔楼——完美和谐地融为一体。城堡的建造、修缮和保护都是由一系列杰出女性完成的，包括凯瑟琳·布里索内（Catherine Briçonnet）、黛安·德·普瓦捷和凯瑟琳·德·美第奇，舍农索城堡由此被誉为"淑女城堡"。

如今，鲁本斯、普桑和穆里洛等老艺术大师的非凡画作被收藏在城堡内。与此同时，丝绸包裹的房间、熊熊燃烧的炉火和美丽的花卉布置，让人得以一窥城堡历代居住者的生活。洛林的路易丝在她最后的岁月里一直在哀悼她深爱的亨利三世，在她昏暗的黑墙房间里，摆满了纪念品和恐怖的挂毯，挂毯上装饰着骷髅图案。

与此同时，一块60米长的棋盘格地板贯穿大画廊，这里曾见证了一系列精致的宴会。城堡外，花园向法国两位最杰出的女性致敬——凯瑟琳的花园位于庄园一侧，黛安的花园在另一侧。

在舍农索城堡以西40英里处坐落着乌塞城堡，它是查尔斯·佩罗《睡美人》的灵感来源。城堡从希农森林中浮现，其哥特式的尖塔和烟囱耸立在如画般的梯田花

乌塞城堡
里尼—乌塞，法国
票价 成人 14 欧元；儿童 4 欧元
开放时间 开放时间有变化

50

蒙索罗城堡当代艺术博物馆

蒙索罗,法国

票价
成人 9.80 欧元;儿童 5.80 欧元

开放时间
开放时间有变化

园之上。它们是城堡的点睛之笔,由著名景观艺术家安德烈·勒诺特尔(Andre Le Nôtre)设计,他也是凡尔赛宫花园的设计者。

在花坛和柠檬树之间,坐落着礼拜堂,虽小但迷人。附近有两棵高高的黎巴嫩雪松,这是著名诗人勒内·德·夏多布里昂(René de Chateaubriand)送给杜拉斯公爵夫人的礼物。据说,1848年诗人去世后,她停掉了城堡里所有的时钟。在地下的八角形地牢中,《睡美人》的经典场景栩栩如生,有邪恶的卡拉波塞、白马王子和奥罗拉著名的仙女教母的雕像。

离开卢瓦尔河谷之前,先锋派的蒙索

赛勒汉城堡

安德拉特，法国

票价
成人 10 欧元；儿童 5 欧元

开放时间
开放时间有变化

罗城堡在向你召唤。它是法国文艺复兴式建筑的光辉典范，也是第一批为享乐而非防御目的设计的城堡。城堡建于 1450 年，里面有一个 17 米长的礼仪大厅，中间有五扇巨大的窗户和两个壁炉。

几个世纪以来，从罗丹到特纳，这座城堡一直激发着艺术家们的灵感，2016 年，城堡重获新生，成为当代艺术博物馆。这里收藏着菲利普·梅亚耶的私人藏品，拥有全球最多的"艺术与语言"作品集。展览通过多种媒介，包括绘画、雕塑、素描、装置和视频，探索理念与艺术创作之间的融合。

在卢瓦尔河谷以南 300 多英里处，赛勒汉城堡的防御墙优雅地依附在一处火山突起上，高高地悬挂在下面浓密的森林之上。城堡始建于 10 世纪，其巍峨的城墙和高耸入云的塔楼都是用当地的灰色熔岩石建造的。

百年战争期间，这座只能从一侧护城河进入的坚固堡垒成为英法两国激烈争夺的焦点。如今，城堡的主人是建筑师约瑟夫·佩尔·隆巴迪（Joseph Pell Lombardi），他主持了为期十年的细致修复工作。客厅恢复了昔日的荣光——配有路易十三时期的椅子和天鹅绒面的游戏桌，还有一个16世纪保存完好的壁炉。在厨房里，蓝白瓷砖装饰着墙壁，上面挂着巨大的铜锅，而图书馆里则摆放着手工精心雕刻的木质书桌和椅子。

在大约400英里外，靠近瑞士边境，上柯尼斯堡展现在世人面前。这座宏伟的红砖建筑群坐落在一座巨大的林木覆盖的山丘上，在一片深绿色的海洋中，绽放出绚丽的光彩。上柯尼斯堡坚不可摧，向下一览无余，不仅可以将孚日山脉、黑森林、部分阿尔卑斯山的美景尽收眼底，还可以一窥法国动荡的历史。这座城堡建于1147年，位于海拔760米的阿尔萨斯平原上，充分体现了地理位置的重要性。城堡被摧毁后，蒂尔斯蒂安家族对其进行了重建，并加固了防御设施。

然而，在三十年战争期间城堡再次被毁，并被遗弃了两个世纪之久，直到德国皇帝威廉二世占领时期才对其进行了翻修——对他来说，这座城堡象征着德国昔日的辉煌。城堡的每一寸空间都散发着怀旧的、戏剧般的魅力，吸引着游客穿过气势恢宏的吊桥，登上螺旋楼梯，可以参观充满旧世界奢华气息的居室和各种中世纪战争器具。登上宏伟堡垒的顶端，可以欣赏到优美的景色，俯瞰城堡的庭院、军械库、客栈、磨坊和许多神秘的走廊。

上柯尼斯堡城堡

奥施维勒，法国

票价
成人9欧元；儿童5欧元

开放时间
开放时间有变化

西庸城堡 54

维陶
瑞士

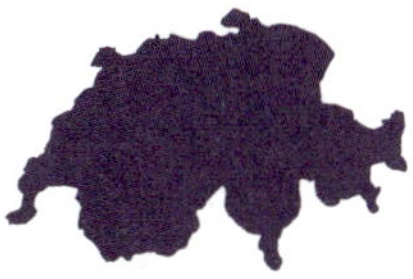

票价
成人 12.50 瑞士法郎；儿童 6 瑞士法郎
开放时间
4月—9月 上午9时—下午6时；
11月—2月 上午10时—下午5时；
3月和10月 上午9时30分—下午6时

西庸城堡坐落在日内瓦湖畔，靠近法国边境。它最早于1150年被提及，当时由萨瓦伯爵控制，但伯尔尼人在1536年接管了西庸城堡，这里成为他们主要的活动中心，用作要塞、军火库和监狱。1800年伯尔尼人离开后，西庸城堡成为国家财产。其优美的地理位置吸引了19世纪的作家和艺术家，现在每年仍有成千上万的游客慕名而来。这里距离伯尔尼和日内瓦只有一个半小时的车程，交通十分便利，你一定会在这里度过美好的一天。

俄罗斯城堡

探索沙皇曾使用过的堡垒

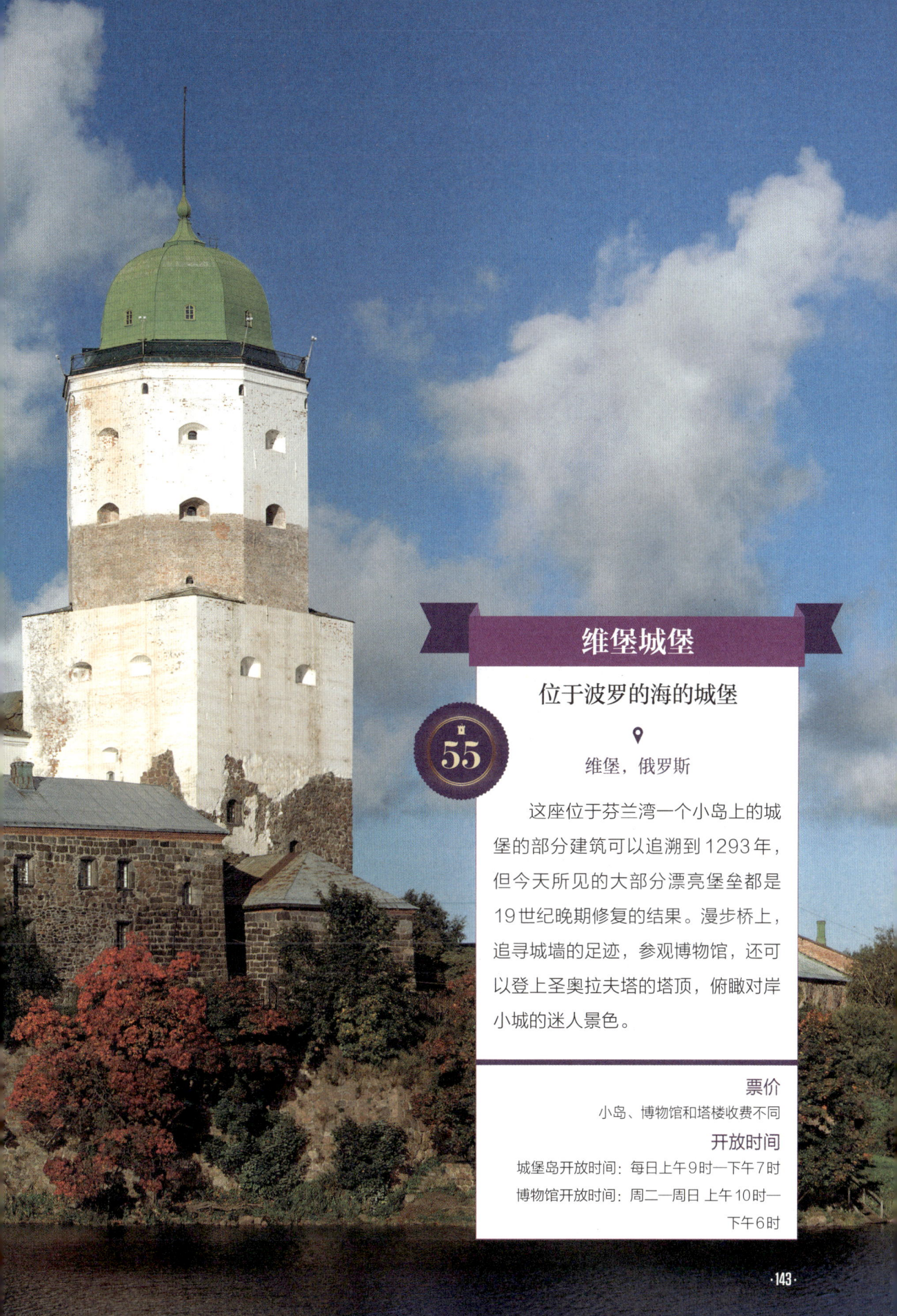

维堡城堡

位于波罗的海的城堡

55

维堡，俄罗斯

这座位于芬兰湾一个小岛上的城堡的部分建筑可以追溯到1293年，但今天所见的大部分漂亮堡垒都是19世纪晚期修复的结果。漫步桥上，追寻城墙的足迹，参观博物馆，还可以登上圣奥拉夫塔的塔顶，俯瞰对岸小城的迷人景色。

票价
小岛、博物馆和塔楼收费不同

开放时间
城堡岛开放时间：每日上午9时—下午7时
博物馆开放时间：周二—周日 上午10时—下午6时

"二战"期间,纳粹德国在城堡内设立了战俘营

伊万哥罗德要塞

拥有 500 年历史的边防

伊万哥罗德,俄罗斯

伊万哥罗德城堡位于俄罗斯与爱沙尼亚分界线的边境安全区,这意味着任何想要游览这座城堡的人都需要获得许可。

伊凡三世于 1492 年夏下令修建这座要塞,在长达 150 年的边境战争中,要塞几经易手,屡次受损并重建。依然宏伟的城墙坐落在纳尔瓦河畔,城堡内设有一座博物馆,馆内藏品展现了伊万哥罗德在利沃尼亚战争和北方大战中的作用。

票价
成人 100 卢布;儿童 50 卢布
开放时间
城堡开放时间:每日上午 10 时—下午 6 时
小型火药库开放时间:周三—周日上午 10 时—下午 6 时

这座建筑由多梅尼克·特雷泽尼设计，是一座星形堡垒

彼得保罗要塞

俄罗斯西部之星

圣彼得堡，俄罗斯

彼得保罗要塞是圣彼得堡的发源地，是18世纪初在这座城市建造的第一座建筑。几个世纪以来，这里曾是军事基地、政府部门所在地、俄国皇室墓地和监狱。在这里可以参观令人叹为观止的大教堂、每天中午举行的鸣炮仪式，还有机会在岸边看到海象，这些都为圣彼得堡之行增色不少。圣彼得堡历史博物馆也坐落于此。在这里可以做的事情太多了，一天的时间可能都不够。

票价
350卢布

开放时间
堡垒地带：上午6时—下午10时；
展览：时间不定

克里姆林宫

中世纪的俄罗斯

莫斯科，俄罗斯

莫斯科克里姆林宫如今是俄罗斯总统官邸——一座由超过两公里长的城墙围成的城市堡垒，是首都的主要旅游景点之一。从大教堂广场开始，这里有三座独立而又壮丽的大教堂，俄国皇室在此朝拜、加冕和安葬。接着前往军械库和钻石基金（Diamond Fund），那里陈列着沙皇收藏的珍宝，然后登上伊凡大帝钟楼，鸟瞰这座皇家城堡。

票价
700—1000卢布，部分博物馆和展览另外收费

开放时间
夏季上午9时30分—下午6时；
冬季上午10时—下午5时，周四不开放

59

塞哥维亚城堡

这座西班牙城堡美丽雄伟,
在花岗岩基座上巍然屹立

塞哥维亚
西班牙

罗斯·汉密尔顿

票价
成人 8 欧元；儿童 3.50 欧元
开放时间
4月—10月 上午10时—下午8时
11月—3月 上午10时—下午6时

▲ 一幅塞哥维亚城堡的蚀刻版画，选自《穿越西班牙：旅行与冒险》

塞哥维亚城堡（Alcázar of Segovia）[①]耸立在卡斯蒂利亚的山水间，仿佛一座雄伟的石制方舟被大洪水冲积在山顶上。虽然城堡的建造并没有那么神奇，但它仍然是西班牙中世纪建筑的典范。

一千多年来，这里一直是俯瞰埃

[①] 西班牙有许多叫阿尔卡萨的地方，其中最著名的一个是位于塞哥维亚的阿尔卡萨城堡。这是个山地城堡，外形奇特，在迪士尼乐园里经常会看到它的仿制品。为了区别，一般把这座城堡叫做塞哥维亚城堡。还有一个阿尔卡萨是位于西班牙南方塞维利亚的塞维利亚王宫，这是个平地宫殿，被称为真正的阿尔卡萨（Real Alcázar）。

雷斯马河（Eresma）和克拉莫雷斯河（Clamores）之间肥沃土地的要塞。罗马人意识到了该地的潜力，他们在花岗岩峭壁上建造了第一座建筑。

塞哥维亚城堡是一座几乎坚不可摧的堡垒，具有不小的战略价值。但在该地区向基督教过渡后，它开始变得更加重要。一代又一代卡斯蒂利亚王室成员将其作为他们最喜爱的居所，在这里举行宫廷活动，并对城堡的建筑风格和改建做出了贡献。虽然他们的许多扩建项目在19世纪的一场大火中化为灰烬，但现存的这座塞哥维亚城堡进行了最大限度的复原。

随着中世纪后的君主们越来越多地被吸引到蓬勃发展的大都市马德里，塞哥维亚城堡作为王宫的地位不复存在，它在努力寻找新的定位。这里曾一度被用作监狱，但这与"西班牙最宏伟的建筑之一"的称谓并不相称。近代的统治者试图去纠正这种不恰当的现象，他们这样做的目的是想把这座宫殿的当代意义与其尚武的过去联系起来。在近200年的时间里，塞哥维亚城堡先是一所皇家炮兵学院，然后是一所军事学院。如今，这里是军事档案馆的所在地。

卓越的成就

在塞哥维亚城堡的最高点可以欣赏到壮丽的风光

几个世纪以来，无论是卡斯蒂利亚国王还是后来的西班牙君主，都以这样或那样的方式在塞哥维亚的标志性城堡上留下自己的印记。但他们的贡献都不如胡安二世那样值得骄傲。这座以他名字命名的塔建于15世纪上半叶，占据了塞哥维亚城堡西南面的主要位置，其棱角分明的造型与周围耸立的锥形塔尖截然不同。

对于愿意攀登塔楼156级陡峭台阶的人来说，回报确实是巨大的。作为建在一座高峰上的宫殿的顶点，塔上令人赞叹的美景也就不足为奇了。从城垛上眺望塞哥维亚，胡安二世塔的开阔视野将山下其他美景尽收眼底，包括壮观的哥特式大教堂和贯穿塞哥维亚市中心、保存非常完好的古罗马渡槽。

塞哥维亚城堡内部

导览
1. 旧宫厅
2. 壁炉厅
3. 御座厅
4. 船板厅
5. 松果厅
6. 国王寝宫
7. 国王大厅
8. 绳结厅
9. 小教堂
10. 武器厅
11. 军事档案馆
12. 武器庭院
13. 胡安二世塔
14. 时钟庭院

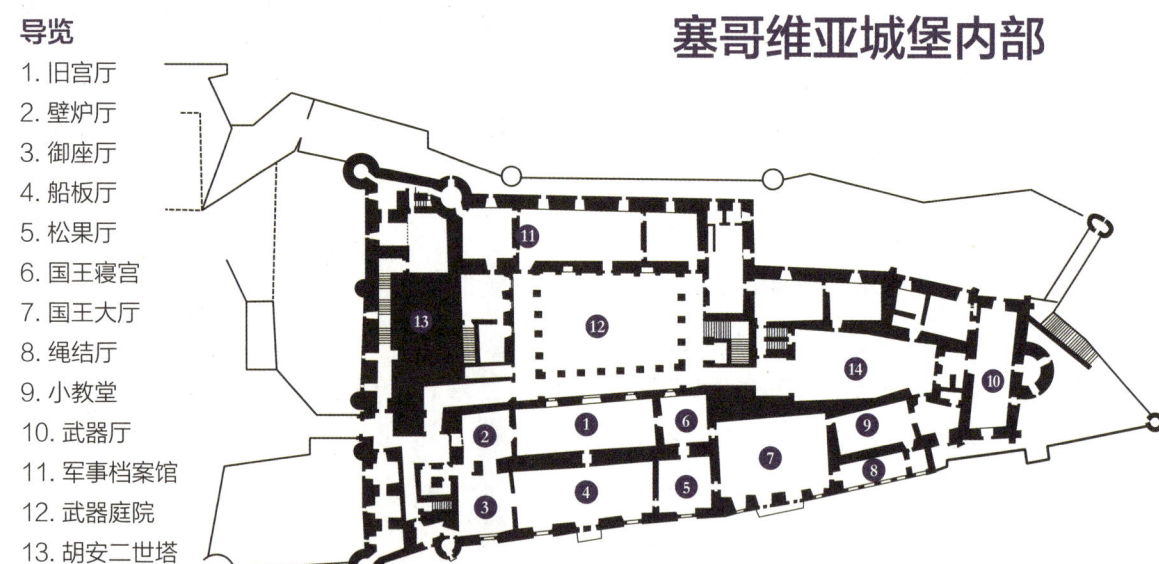

隐蔽的庭院
内外空间交相辉映

在阿方索六世重新征服塞哥维亚之前，塞哥维亚城堡是阿尔莫拉维德王朝建造的一座阿拉伯城堡。虽然我们今天看到的城堡大部分仍是西班牙哥特式风格，但有许多建筑元素可以追溯到阿拉伯城堡的时代。

其中最引人注目的是它的拱廊和庭院。塞哥维亚城堡有两个庭院，其中武器庭院（Patio de Armas）的三面环绕着拱廊，融合了阿拉伯元素以及后来的哥特式和文艺复兴时期的建筑风格；而时钟庭院（Patio del Reloj）则较为狭小和隐蔽，被城堡几座最高的塔楼的墙壁所环绕。塞哥维亚在中世纪曾是一座伊斯兰城市，"alcázar"一词就来源于阿拉伯语"al-qasr"，意为堡垒或城堡。

国王大厅

走进国王大厅,你会感受到有100多双眼睛在注视着你。西班牙几代统治者化身为数十个栩栩如生的浮雕,每一个都在四面墙壁的顶部,按顺时针方向,无言地讲述着一部最终构成现代西班牙的历史——从8世纪阿斯图里亚斯王国的建立者佩拉约开始,一直延续800多年,最终以卡斯蒂利亚的"疯女"胡安娜结束,这个结尾颇具不祥之兆。

在阿方索十世的统治下,塞哥维亚成为卡斯蒂利亚和莱昂的王室和政治中心,这座大厅是那个时期的遗产,最初是为卡斯蒂利亚宫廷建造的。在14和15世纪,这里作为宫廷阴谋的传输通道发挥了重要作用。大厅如今奢华的外观要归功于16世纪费利佩二世的设计。在王宫搬迁到马德里后,塞哥维亚城堡已成为一个较为边缘的住所。然而,费利佩的翻修使国王大厅以及整个宫殿依然是王国最壮观的建筑之一。阿拉伯的艺术影响在这里显而易见,尤其是大厅的天花板,这是整个城堡众多惊艳的设计之一,上面是金色镶嵌深绿色六边形交织的图案,令人炫目。

御座厅

　　与塞哥维亚城堡的许多装饰一样,御座厅融合了多种风格。它由特拉斯塔马拉王朝的君主建造,是15世纪城堡扩建的主要部分之一。精美的八角形圆顶天花板大约就是在这个时候由夏德尔·阿尔卡尔德(Xadel Alcalde)完成的,不过在1862年的火灾中受损严重。如今展示的天花板是不久后在巴利亚多利德完成的完美复制品。

　　卡斯蒂利亚和莱昂的盾形纹章仍然装饰在两个礼仪王座后面的挂饰上,不过它们的历史较近,是1908年为纪念反对法国控制的"五二"起义(Dos de Mayo)[①]一百周年而为阿方索十三世和维多利亚·尤金妮定制的。

---

① "五二"起义,也称马德里起义,指1808年5月2日在西班牙马德里爆发的反对法国统治的抵抗运动。马德里起义使拿破仑帝国首次遭到重创。

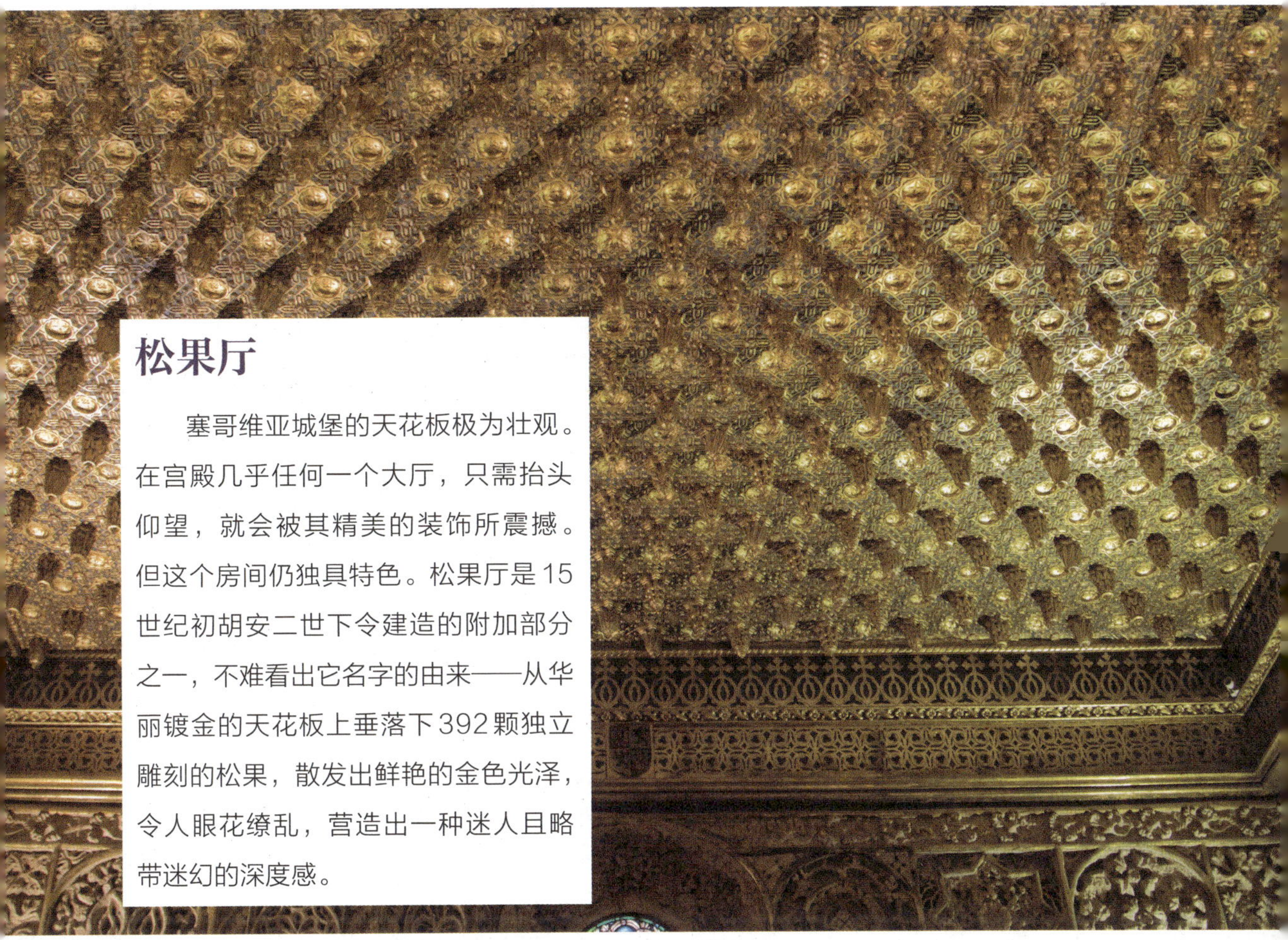

松果厅

塞哥维亚城堡的天花板极为壮观。在宫殿几乎任何一个大厅，只需抬头仰望，就会被其精美的装饰所震撼。但这个房间仍独具特色。松果厅是15世纪初胡安二世下令建造的附加部分之一，不难看出它名字的由来——从华丽镀金的天花板上垂落下392颗独立雕刻的松果，散发出鲜艳的金色光泽，令人眼花缭乱，营造出一种迷人且略带迷幻的深度感。

旧宫厅

在塞哥维亚城堡内穿行，几步之遥便可能跨越数百年的历史，这种感觉在从船板厅走到阿希梅塞斯厅（Hall of the Ajimeces）——也称旧宫厅时，尤为明显。

顾名思义，这座大厅是城堡最早建造的房间之一，其历史可以追溯到13世纪阿方索十世统治时期。如今，这里收藏着博物馆最珍贵的中世纪盔甲。大厅里富丽堂皇的罗马式窗户引人注目，不过由于船板厅遮挡了窗外的景色，这些窗户也失去了昔日的光彩。

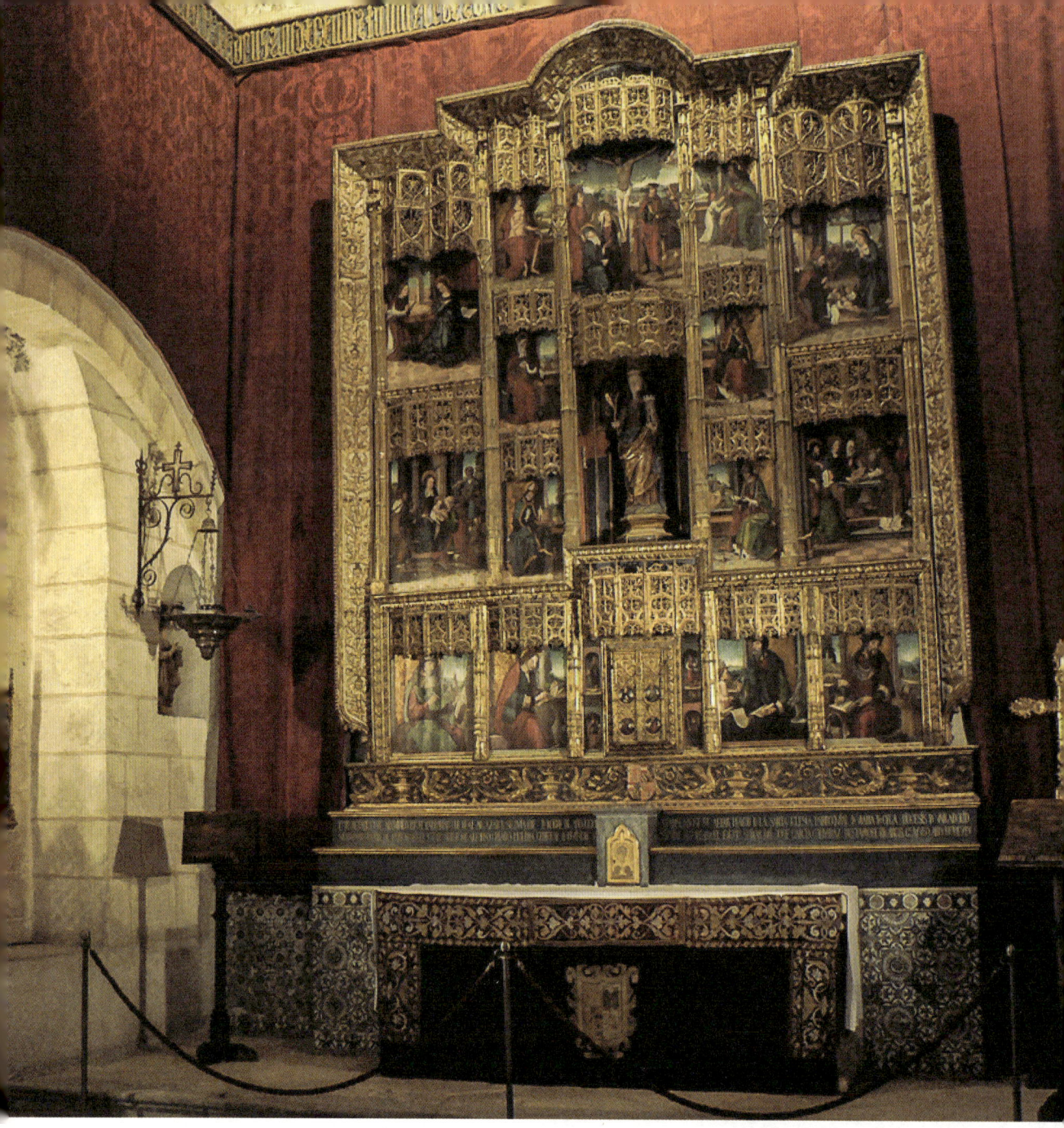

城堡小教堂

虽然塞哥维亚城堡在几乎每个方面都显得气势恢宏——陡峭的墙壁、高耸的天花板和奢华的装饰——但其最神圣的房间却给人一种亲密感。这在很大程度上与采光有关,一系列高悬的彩色玻璃窗,令室内光影斑驳。作为城堡中最古老的房间之一,小教堂主要用于私人礼拜,而塞哥维亚宏伟的大教堂则更适合举行重大仪式。然而,小教堂的宁静和隐秘使其成为举行最神圣的王室活动的理想之地:1570年,费利佩二世和他的外甥女安娜在这里举行了婚礼。

船板厅

如果说塞哥维亚城堡的外观像一艘巨大的内陆船,那么船板厅则巧妙地在宫殿内部融入这一主题。该厅建于1412年,是兰开斯特的凯瑟琳送给她的小儿子卡斯蒂利亚的胡安二世的礼物。大厅高高的天花板就像一艘巨大的船体,因此得名。

天花板上闪闪发光的穆卡纳斯①、几何瓷砖以及其他金色和深红色的装饰细节再次吸引了人们的目光。往下看,会发现环绕房间的浮雕,上面饰有卡斯蒂利亚的纹章图案,间或出现更多抽象的格子图案。仔细观察,会发现其中编织着文字——上方的文字是一串用拉丁文书写的中世纪祈祷文,而下方的文字则列出了委托方特拉斯塔马拉王室成员的姓名。

来参观塞哥维亚城堡的游客自然会把注意力集中到船板厅内部,不过从这里的小阳台上也能欣赏到城堡外迷人的景色。阳台面朝西北方向,天气晴朗时,可以看到绵延数英里的美丽乡村风光,以及该地区瓜达拉马(Guadarrama)山脉的山麓丘陵。眼力好的游客还可以看到圣玛丽亚德尔帕拉尔修道院(Monastery of Santa María del Parral),这座中世纪的瑰宝坐落在西班牙腹地,值得在参观完塞哥维亚城堡后前往一游。

---

① 穆卡纳斯(muqarnas)是阿拉伯语中对建筑入口和壁龛的装饰性钟乳拱、蜂巢拱的专有名词;穆卡纳斯是伊斯兰建筑中的一种装饰元素,通常用于天花板、穹顶、拱顶和门廊等部位。

其他的阿尔卡萨城堡

塞维利亚王宫

作为哈里发和国王的故居,这座城堡拥有1000多年悠久而又丰富的历史。除了1月1日和6日、耶稣受难日和圣诞节,这里每天都开放,是到访塞维利亚的游客必游之地。

克里斯蒂安罗斯王宫

这座城堡位于科尔多瓦市中心,是一座占地5.5万平方米的美丽建筑群,拥有历史丰富的花园和房间。马赛克大厅甚至藏有古罗马艺术品。

赫雷斯-德拉弗龙特拉城堡

这里的建筑可以追溯到 12 世纪，门票 3 欧元，不容错过。如今，可以参观清真寺，甚至进入暗室，这里是这座城市最古老的古迹。

科隆城堡

前往多米尼加共和国的圣多明各，探访克里斯托弗·哥伦布之子的故居。这里曾是征服者的聚集地，如今已被联合国教科文组织列入世界遗产名录，等待着人们去发掘。

托莱多城堡

这座宏伟的建筑高高耸立在托莱多的天际线之上，现在是城市军事博物馆的所在地，但在过去，它曾见证了国王和独裁者在其间驻足。经过重建和修复，这座建筑绝对值得一游。

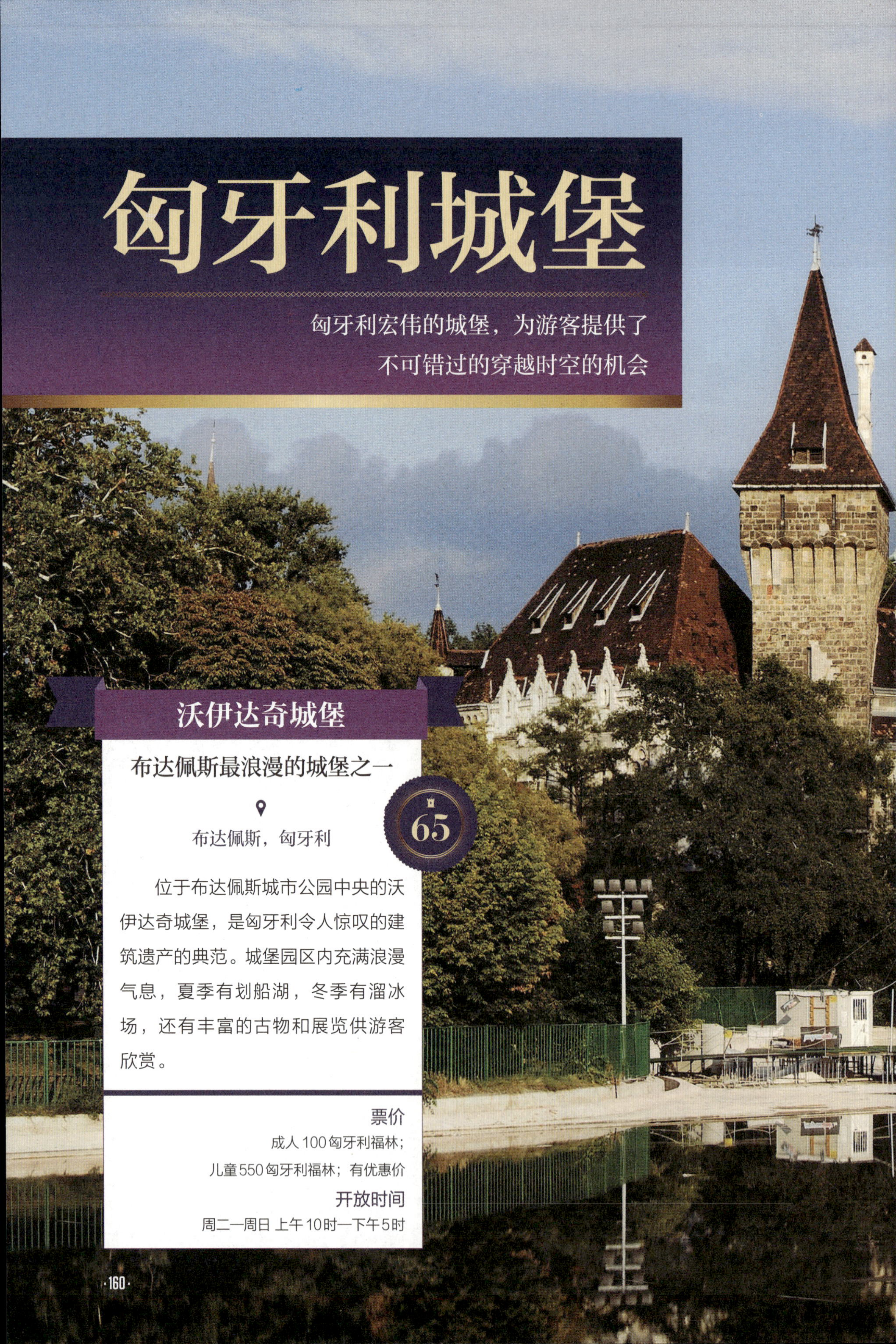

匈牙利城堡

匈牙利宏伟的城堡,为游客提供了不可错过的穿越时空的机会

沃伊达奇城堡

布达佩斯最浪漫的城堡之一

📍 布达佩斯,匈牙利

65

位于布达佩斯城市公园中央的沃伊达奇城堡,是匈牙利令人惊叹的建筑遗产的典范。城堡园区内充满浪漫气息,夏季有划船湖,冬季有溜冰场,还有丰富的古物和展览供游客欣赏。

票价
成人 100 匈牙利福林;
儿童 550 匈牙利福林;有优惠价

开放时间
周二—周日 上午10时—下午5时

66 维谢格拉德宫

探索匈牙利的黄金时代

📍 维谢格拉德，匈牙利

匈牙利查理一世的宏伟宫殿如今只剩下大片的废墟。这些古老的遗迹可以让人一睹中世纪城堡的哥特式辉煌。游客可以花一天的时间探索城堡的遗迹，欣赏匈牙利多瑙河最美的景色之一。

票价
成人1300匈牙利福林；折扣价格650匈牙利福林

开放时间
周二—周日 上午9时—下午4时

埃格尔城堡

匈牙利北部的重要组成部分

埃格尔,匈牙利

埃格尔城堡因其在16世纪击退入侵的奥斯曼帝国军队的战役中所发挥的作用而闻名全匈牙利。虽然这座闻名遐迩的堡垒如今大部分已成废墟,但游客前来参观这处广受欢迎的景点时,可以通过其众多的博物馆和蜡像展,重温堡垒的辉煌岁月。

票价
成人1700匈牙利福林;优惠价850匈牙利福林;儿童免费

开放时间
周一—周日　上午10时—下午6时

博里城堡

一座自建的爱情见证

塞克什白堡,匈牙利

这座混凝土城堡位于塞克什白堡,由建筑师耶诺·博里(Jenõ Bory)于1912年建造,这是他写给妻子的情书。博里城堡历时三十多年建成,内有一个艺术画廊,还有这对恩爱夫妻生活的公寓和工作室。

票价
成人1500匈牙利福林;优惠价700匈牙利福林;6岁以下儿童免费

开放时间
周一—周日　上午9时—下午5时

69

布兰城堡

在特兰西瓦尼亚的中心地带，藏有一座宏伟的城堡，连德古拉伯爵本人都会为之自豪，称其为家

特兰西瓦尼亚
罗马尼亚

哈雷斯·布斯塔尼

圆塔俯瞰着城堡宁静的内院。这座圆塔曾因火药库爆炸和猛烈风暴遭受严重损坏,在加布里埃尔·贝特伦王子统治时期重建

票价
成人 40 罗马尼亚列伊；65 岁以上 30 罗马尼亚列伊；
学生 25 罗马尼亚列伊；小学生 10 罗马尼亚列伊

开放时间
4月—9月 周一 12时—下午6时，周二—周日上午9时—下午6时；
10月—3月 周一 12时—下午4时，周二—周日上午9时—下午4时

在特兰西瓦尼亚东南部的深处，喀尔巴阡山脉幽暗的森林峡谷中，有一座城堡在树梢上方巍然耸立。它坐落在山丘的延伸部分，石头陡然向上突起，塑造出更加宏伟的轮廓，形成一座气势逼人的堡垒，白墙红顶，显得热情好客。

在这里，沿着历史悠久的瓦拉几亚边界，坐落着布兰城堡。这座中世纪堡垒后来成为王室居所，曾是匈牙利抵御库曼人和奥斯曼人入侵的防御工事的一部分。不过，许多人更喜欢称它为"德古拉城堡"，认为它是特兰西瓦尼亚唯一一座能体现布拉姆·斯托克笔下臭名昭著的吸血鬼伯爵所住城堡那种神秘氛围的城堡。

这是一个充满传奇色彩的地方，连其奠基都蕴含着故事。布兰城堡的起源可以追溯到1211年，当时正值匈牙利国王安德鲁二世在位期间。面对库曼人日益频繁的入侵，他下令在布兰建造一座堡垒，"布兰"这个词在斯拉夫语中意为"门"。据说，在1226年德意志十字军被驱逐出该地区之前，他曾因这个项目得到了条顿骑士团——一个由德意志十字军组成的宗教骑士团的帮助。

14世纪，为了更好地巩固边境防御，匈牙利王室开始编织起一张堡垒网，以防

▲ 玛丽王后将城堡改建为夏宫，打造了一个"充满稀世珍宝的小型博物馆"

御邻近的瓦拉几亚公国，以及后来的奥斯曼帝国。路易大帝将以前条顿骑士团的据点赠予布拉索夫的居民，并责成当地的撒克逊人建造一座坚固的堡垒，从而开启了特兰西瓦尼亚中世纪建筑的黄金时代。这些防御工事，连同难以征服的喀尔巴阡山脉，足以威慑潜在的入侵者。城堡很快繁荣起来，成为一个关税中心。取得对瓦拉几亚人的辉煌胜利之后，这座堡垒被赋予保护布尔岑兰村庄的责任，并获得了开发其资源的权利。与此同时，城堡的驻军由几十名"英格兰强盗和弩炮兵"组成，由一名撒克逊指挥官统领。

城堡保留了一系列令人惊叹的建筑瑰宝，比如圆塔——一座圆锥形屋顶的角楼，靠一个幽静的庭院支撑着。在经历了火药库爆炸和风暴的严重破坏后，这座圆塔在17世纪加布里埃尔·贝特伦（Gabriel Bethlen）王子统治期间进行了重建。内堡——城堡的核心部分，也在同一时期得到重建，高耸于城堡其他峰顶和尖顶之上。在某些地方，白色的外墙被砖石取代，这象征着城堡曾经扮演过的各种角色以及经历过的多次修缮。

15世纪，布拉索夫的当地人开始从资金短缺的匈牙利王室手中租赁城堡及其关

税管理权。这次接管为他们带来了额外收入。他们将这些资金用于修建中央塔楼和地牢，同时将东塔的面积扩大一倍，加高了围墙，并修建了两排城墙防御工事。其中最巧妙且最持久的两项创新是将屋顶木瓦替换成瓦片，并竖立双臂柱。就像进入了德古拉伯爵废弃城堡的深坑一样，沿着狭窄的楼梯往下走，就是当地撒克逊人建造的另一个奇观——城堡的蜘蛛网地牢。这座地牢历经了无数帝王的统治，从匈牙利人到奥斯曼人，至今仍保存完好。

1920年，当地人将城堡赠予罗马尼亚的玛丽王后，她的建筑师把这座坚硬的堡垒改造成了夏宫。十年后，她将自己的孩

子尼古拉和伊莲娜迁到了这里。玛丽将射击孔改成窗户,给壁炉安装了现代化的烟囱,同时还增加了两座带楼梯的塔楼,使城堡的外观变得更加柔和。在拆除其中一个壁炉时,她竟发现了一个连接两层楼的秘密楼梯。这条狭窄的石头走廊至今仍可探索,让人得以一窥城堡曾经面临的真实危险。

城堡周围的英式公园是为了安抚出生于英国的玛丽王后而修建的,园内有静谧的池塘和各种建筑。其中最为珍贵的是木制茶室和伊莲娜那座既雅致又具皇家风格的附楼。通过一扇深色木质拱门可以进入花园,这里有欣赏城堡的绝佳视角。在园内，树木攀附在内庭院的石墙上。许愿井是家族的另一件传家宝。它最初是城堡的主要水源，还配有一座涡轮发电厂，为城堡以及布兰、西蒙和莫埃丘社区供电。

玛丽王后还重新设计了城堡的内部，保留了其静幽的特点，但也增添了一丝好客的氛围。她和家人享受着宽敞的居室，居室里装饰着从全国各地收集来的珍宝。如今，这座城堡已成为名副其实的博物馆——卧室、餐厅、客厅和走廊都陈列着精美的艺术品。而这里的家具则散发着古老的韵味，一座深色的木制落地钟在滴嗒作响，旁边是雕刻精美的门，门上配有巧夺天工的门环。

在费迪南国王的餐厅里，扶手椅上雕刻着狮子，还有小木人头顶着橱柜。精致的图书室是书迷和木工爱好者的梦想之地，这里到处都装饰着木质镶板，白色天花板悬挂在厚重的木梁上。那张华盖床可谓内部设计的点睛之笔——床架精致入微，精雕细琢的床柱盘旋而上，形成一对王冠。此外，还有一个年代久远的炉灶展示了19世纪的厨房风貌，瓷砖上装饰着各种动物图案。

城堡里还能看到其昔日军事辉煌的印记，全套盔甲在剑、斧、戟和其他中世纪武器旁边闪闪发光。与此形成鲜明对比的是一顶镶满珠宝的王冠，上面镀着黄金、宝石。

玛丽王后对这座城堡情有独钟，城堡为周围村庄的居民创造了就业机会。玛丽在去世前不久将城堡留给了伊莲娜，后者回忆道："母亲把迷人的布兰城堡留给我，显然代表着她的爱、细腻和理解，即使在母女之间这也非常罕见，因为我们两人都非常喜欢这座城堡；蓝宝石和钻石镶嵌的王冠，使我能够为了我的孩子们开始新的生活；还有一件貂皮斗篷，在寒冷的夜晚铺盖在我的床上。"

1937年，当玛丽王后在她五层楼的居所开始行动困难时，伊莲娜公主为其安装了一部通往公园场地的电梯。如今，这部电梯已被改造成一个名为"时光隧道"的多媒体展览。

玛丽王后去世后，其心脏最初被带到巴尔奇克的教堂，放在一个八角形的银盒中，包裹着罗马尼亚和英国国旗，然后密封在一个用银、铂金和宝石装饰的盒子里。最后这个盒子被放入一个白色大理石瓮中，这个瓮被带到了布兰。伊莲娜回忆道："然后我把它放在我们的木制小教堂中。后来，在教堂后面的悬崖上挖掘出一个小教堂，一条盘绕的楼梯通往小教堂。"如今，人们可以在森林边缘看到这座小教堂；这对于一位对布兰怀有特别感情的王后来说，是最好的归宿了。

布兰经常举办特别活动，从氛围美妙、音响迷人的爵士乐之夜，到令人毛骨悚然的刑具展览，活动丰富多样，令人难忘。城堡脚下有一家古雅的餐厅——茶屋

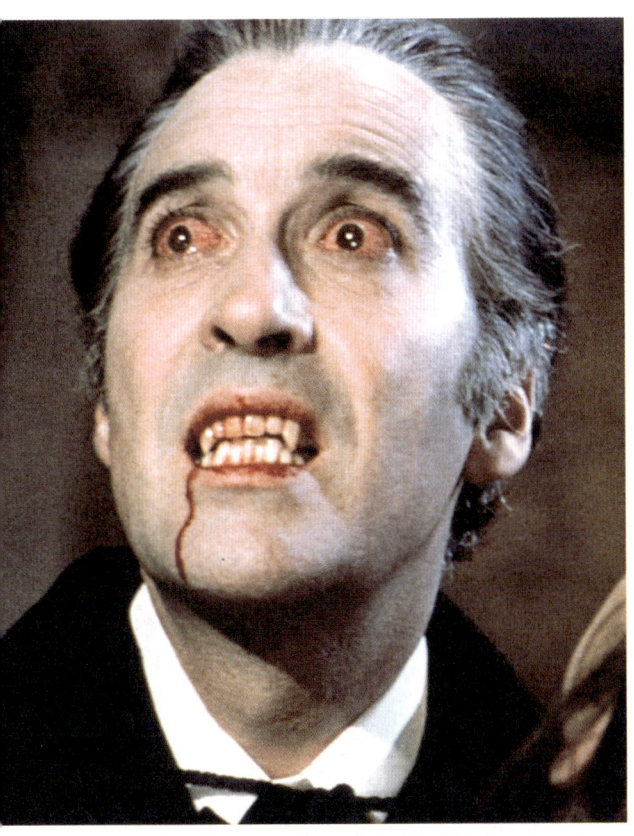

▲ 提到特兰西瓦尼亚，就很难不想到德古拉，这个角色的灵感可能来源于真实的人物

（Casa de ceai），这里供应融合现代风味的罗马尼亚传统美食。餐厅的特色是在当地村庄烹制一系列菜肴，并以森林食材加以点缀。从杏仁脆皮猪肉排配苹果酱，到简单的蘑菇、洋葱和蔬菜馅饼，所有食材均来自当地，确保新鲜上桌。

客人们还可以品尝罗马尼亚甜点 "coliva"，它以煮熟的小麦为基底，搭配各种美味的配料：柠檬皮、香草、肉桂、糖粉甚至糖果。

真正的"德古拉"伯爵

世界上最著名的吸血鬼的灵感可能来源于两个真实的"怪物"，他们在特兰西瓦尼亚制造了恐怖

1897 年，布拉姆·斯托克的小说《德古拉》（Dracula）首次将特兰西瓦尼亚的森林山脉引入流行文化，书中讲述了一个吸血鬼的故事，他居住在俯瞰喀尔巴阡山脉的破败城堡中。布兰城堡与斯托克笔下的城堡如出一辙，以至于有人猜测，斯托克可能是根据布兰城堡虚构了自己的城堡。而吸血鬼德古拉与瓦拉几亚的领袖弗拉德·采佩什，又称"穿刺者弗拉德"有着惊人的相似之处，他在 1448 年至 1476 年间曾三次统治瓦拉几亚。

弗拉德在他的兄弟和父亲弗拉德·德古拉，即"龙"德古拉（Vlad 'the Dragon' Dracul）被杀后崛起。当特兰西瓦尼亚的撒克逊人开始庇护敌人时，弗拉德派遣军队屠杀了数百人，烧毁庄稼，并将俘虏钉在圣雅各布教堂旁的长矛上。他的残暴引发了匈牙利的宣传攻势，指控他杀害残疾人，把帽子钉在人们的头上。1462 年，在躲避庞大的奥斯曼帝国军队时，他将数万名男女和婴儿钉在长矛上——场面惨不忍睹，据说这让入侵者闻风而逃。

斯托克可能还借鉴了伊丽莎白·巴托丽（Elizabeth Báthory）的故事，她是一位匈牙利贵妇，生活在弗拉德之后 150 年的特兰西瓦尼亚。她是史上最残暴的女性连环杀手，据说她用受害者的鲜血沐浴，因为相信这样会让她长生不老。

探险之地
非洲城堡

揭秘这片迷人大陆上的历史要塞

70

票价 1200肯尼亚先令
开放时间 上午8时—下午6时

耶稣堡
一座庞大的文艺复兴式方形堡垒,充满人情味

📍 蒙巴萨岛,肯尼亚

耶稣堡巍峨壮观、宛如迷宫,是蒙巴萨岛最受欢迎的旅游景点,如今已被联合国教科文组织列入世界遗产名录。这座堡垒由葡萄牙人在1593年至1596年间建造,具有文艺复兴时期的风格,守护着这座沿海城市的港口,但在1698年被阿曼的阿拉伯人占领。1895年英国宣布成为其保护国后,该堡垒变成政府监狱。从高处俯瞰,堡垒呈现出"大"字形,堡垒内还可以看到苏丹的住所——阿曼宫,以及一个开放的蓄水池、深井、教堂、房间、弹药库和拱形通道。这里还有一个博物馆,除了1990年发掘时发现的一具奇特的人体骨骼复制品外,这里还收藏有其他考古文物。

71

票价 60埃及镑
开放时间 上午8时—下午4时

凯特贝城堡

尽管历经炮火洗礼，这座城堡依然熠熠生辉

📍 亚历山大，埃及

凯特贝城堡建在亚历山大灯塔的原址上，是古代世界七大奇迹之一。它俯瞰着地中海，是马穆鲁克王朝在15世纪修建的一座防御土耳其人的堡垒。城堡曾因战火遭到破坏，但在和平时期进行了修缮。这里景色迷人，尤其是登上塔顶俯瞰时。城堡内也有一些瑰宝，包括清真寺地板上精美的马赛克图案。

72 海角城堡
这座城堡背后有段可怕而又黑暗的历史
海岸角，加纳

在曾经被称为"黄金海岸"的加纳，人们建造了一系列城堡作为防御性贸易站，海角城堡就是其中之一。在1653年被瑞典征服后，这里首先建造的是一座木制堡垒，后来在丹麦统治时期，城堡改建为石质堡垒。

这座城堡最终被用来囚禁戴着镣铐的奴隶，一次多达1500名，他们被关进阴暗、狭窄的地牢，从那里被运往新大陆。而城堡上方的统治者居所则提供了绝佳的视野和奢华的生活方式——参观城堡及其相关博物馆的游客一定会注意到这一反差。

票价 40加纳塞地
开放时间 上午9时—下午4时30分

好望堡
几个世纪以来，这座城堡一直是重要的权力中心
📍 开普敦，南非

这座17世纪由荷兰东印度公司建造的五边形城堡是南非现存最古老的殖民建筑，如今已成为省级遗产保护地。它曾位于海岸线上，但由于80年前填海造地，如今已位于内陆。为了遮挡阳光和炎热，城堡被漆成了黄色。

游客可以入内参观三个博物馆：一个是军事历史博物馆，另一个是威廉·费尔艺术品收藏馆，还有一个是名为"烧制"的陶瓷展览馆。也可以在导游的带领下游览，观看大炮发射，如果去得够早，还能参加精彩的开门仪式。

票价 50 南非兰特
开放时间 上午9时—下午5时

萨拉丁城堡
近700年来，它一直是埃及政府重要的权力所在地
📍 开罗，埃及

开罗的萨拉丁城堡具有中世纪风格，由埃及和叙利亚的第一位苏丹萨拉丁（Salah ad-Din）在1176年至1183年间建造。它是城市天际线的主要部分，包括三座主要的清真寺、几座博物馆（包括皇家马车收藏馆）和装饰华丽的奥斯曼风格的盖瓦拉宫（Al-Gawhara Palace）。盖瓦拉宫是1814年总督穆罕默德·阿里为其妻子建造的私人住宅，里面有一面巨大的镀金大理石镜子。城堡有高塔、城墙和无数的古迹，作为世界文化遗产，这里肯定有许多值得探索的地方。

票价 120 埃及镑
开放时间 上午9时—下午5时

· 177 ·

瓦维尔城堡

巍峨的山顶宫殿是波兰文化遗产的
重要组成部分

克拉科夫
波兰

杰克·格里菲斯

票价
因展览而异（免费至25兹罗提）
开放时间
4月1日—10月31日 上午10时—下午5时
11月1日—3月31日 上午9时30分—下午4时

▲ 几个世纪以来，瓦维尔城堡经历了许多变化

在波兰克拉科夫的市中心，矗立着一座228米高的侏罗纪石灰岩石，被称为瓦维尔山。随着这一欧洲城市的重要性不断提升，这座雄伟的天然屏障的防御需求也随之增加。瓦维尔城堡始建于8—9世纪，最初是一组罗马式建筑，后来成为波兰国王的住所，他们在这里加冕和安葬。

克拉科夫是一座重要的城市，在13世纪曾遭到外族的蹂躏。为此，人们修建了城堡，用城墙、塔楼和城门将城市包围起来，以防止进一步的入侵。14世纪，卡西米尔三世大帝（Casimir III the Great）、雅德维加（Jadwiga）和瓦迪斯瓦夫二世雅盖沃（Władysław II Jagiełło）大幅扩展了这一地区，并持续进行翻修工程，修建了一系列大厅、房间、长廊和塔楼，所有建筑均采用文艺复兴风格，由意大利建筑师和德国装饰设计师共同打造。进一步

的建设工程使瓦维尔成为全欧洲最美丽的庄园之一,以及王室贵族观看盛大比赛的场所。

尽管瓦维尔城堡展现了华丽的建筑风格,但其命运却历经过低谷。王室迁都华沙,由于维持城堡的资金减少,城堡逐渐衰败。18世纪末,奥地利人控制了克拉科夫之后,几乎完全抹掉了城堡中文艺复兴时期的遗迹。城堡被改造为军营,拱廊也被砌上了砖墙。直到1911年,奥地利军队最终撤离,城堡才恢复昔日的辉煌,成为今天的热门景点。

1. 失落的瓦维尔
2. 拱廊庭院
3. 皇家花园
4. 巴斯里庭院
5. 桑多梅日卡塔
6. 伯纳丁斯卡塔
7. 赫尔博瓦门

一座风格永变的城堡
瓦维尔的众多君主都将他们的愿景付诸实践

在瓦维尔城堡漫长的历史中，吸引了众多的建筑师，这些建筑师都是由各位君主专门挑选的，来实现他们对城堡的规划。瓦维尔城堡并不是一个单独的建筑，而是由许多不同时代和风格的建筑环绕着一个中央庭院，见证了瓦维尔城堡在几个世纪以来的角色变化。第一次大规模扩建是在14世纪，瓦迪斯瓦夫一世和他的儿子卡西米尔大帝建立了最初的哥特式居所。16世纪，波兰国王齐格蒙特一世（Sigismund I）是城堡的主要翻修者之一，他委托意大利雕塑家弗朗西斯库斯·伊塔卢斯（Franciscus Italus）重建城堡的西翼和北翼。城堡采用哥特式建筑风格，成为波兰文艺复兴的象征。在结构上，修建了三层柱廊和幕墙；在装饰上，弗罗茨瓦夫的塞巴斯蒂安·陶巴赫（Sebastian Tauerbach）雕刻了194个男女头像，与木质天花板和皇室肖像一起展出。

1595年火灾之后，齐格蒙特三世国王按照早期巴洛克风格重建了部分建筑。参议员楼梯建于1599年，还特别在鸟厅增加了许多全新的壁炉，壁炉的科林斯式圆柱让人联想到古希腊和古罗马的建筑风格。纵观其丰富的历史，瓦维尔城堡一直是才华横溢的艺术家和建筑师们趋之若鹜的地方，他们来到这里见证并建造了属于自己的文艺复兴和哥特式建筑作品。

波兰的齐格蒙特一世
以增加瓦维尔的辉煌为己任的国王

虽然瓦维尔城堡在卡西米尔三世大帝统治时期变得更加华丽,但其建筑风格一直在不断变化。许多国王重建并改变了城堡的布局,但其中最重要的也许是齐格蒙特一世,他在16世纪雇用了许多著名的建筑师为他设计。齐格蒙特延续其兄亚历山大·雅盖沃国王从哥特式建筑到文艺复兴式建筑的过渡,聘请弗朗切斯科·菲奥伦蒂诺建造城堡的东翼,并为西湾增加装饰性的石雕。1516年菲奥伦蒂诺英年早逝后,齐格蒙特求助于贝内迪克特和巴托洛梅奥·贝雷奇,以及其他来自意大利和德国的工匠。他们的主要任务之一是建造齐格蒙特教堂,这是一座为国王建造的陵墓。

即使在死后,齐格蒙特也对瓦维尔城堡产生了深远的影响。1548年他去世后,工程仍在继续。意大利工程师尼科洛·卡斯蒂里奥尼(Niccolo Castiglioni)和马特奥·古奇(Mateo Gucci)帮助完成了工程,并安装了被誉为北欧最精美的镀金穹顶。陵墓内部布满了神话场景,蔚为壮观。城堡最著名的部分也是以国王的名字命名的:齐格蒙特塔和塔内的大钟。它由青铜铸造,是波兰民族主义的象征,当钟声敲响,30公里外都能听到。

瓦维尔城堡在很大程度上要归功于齐格蒙特一世和他所在的雅盖隆王朝。由于多次火灾和统治者的更迭,齐格蒙特一世和他众多建筑师的努力未能得到应有的充分展示。

▲ 瓦维尔城堡的参议员大厅

国事厅

城堡内部的主要展览共分三层。其中三个国事厅位于一楼，有一间是克拉科夫历任总督的住宅套房，称为"总督会客厅"，其落叶松木天花板保留了16世纪文艺复兴时期的风貌。使节楼梯通往二楼，这里是王室私人寓所。这些房间曾在1702年的火灾中，以及19世纪奥地利占领期间两次被毁。比武大厅，可想而知，墙上画满了17世纪30年代比武的场景。再往前走，使节厅里现存有30件人头木雕，还有一幅齐格蒙特一世的肖像，他在城堡文艺复兴时期的发展中起到了关键作用。

接下来是鸟厅，它位于一座哥特式塔楼内。这个房间有着丰富的历史，1600年的一场大火迫使它被改建为接待厅。从那时起，几个世纪以来，这个房间经过了多次翻修，里面收藏了许多珍贵物品，比如罗马皇帝多米蒂安和涅尔瓦的半身雕像，以及波兰国王齐格蒙特三世的肖像。

上述所有房间都比整个城堡中最大的房间——参议员大厅要小。参议员大厅是专门用于举行参议院会议的地方，这里也举行宫廷仪式、王室婚礼、戏剧表演和舞会，其中最著名的是1518年齐格蒙特一世与博纳·斯福尔扎的婚礼。

桑多梅日卡塔

瓦维尔城堡有两座绰号为"火塔"的炮塔。桑多梅日卡是其中之一,由卡西米尔四世建造,用于保护整个防御工事中被认为最薄弱的部分,因为它外面的郊区斯特拉多姆没有任何防御墙。桑多梅日卡不仅是一个炮台,是俯瞰城南和城外乡村的绝佳视角,而且在建造时还考虑到了住宿需求。从该塔的玻璃窗、大烟囱和装饰性入口门廊可以看出这一点。在和平时期,塔楼还可以作为卫兵驻地或关押重要人质的监狱,这些人质会被关在三楼的一个小房间里。普通罪犯则被送往城堡的地牢中长期关押。

瓦维尔城堡曾经是一个保护完好的建筑群,除了标准的塔楼和城墙外,还巧妙地利用了紧密相连的建筑来进行保护。137级台阶的桑多梅日卡塔高耸在山丘上,城堡庭院的美景尽收眼底。考古学家在地窖中发现了中世纪早期木质土结构的防御工事遗迹,由碎石和石灰石组成,并用木梁和木桩支撑,这证明了它的战略重要性。

龙穴

龙穴是瓦维尔龙传说的起源地。传说中，这种生物强迫城市居民提供牲畜，否则将遭受死亡威胁。城里的居民采用了欺骗的手段，在牛体内塞满了硫黄，使龙被生成的火焰烧死。

龙穴可通过盗贼塔进入，全长270米，其中有81米现已向公众开放。龙穴中有一个密室被称为A室，在19世纪之前一直注满水，是城堡的饮用水源。一条小通道通向B室，这里无疑是龙穴最漂亮的地方。它被一个建于1830年的砖砌穹顶所覆盖。B室后面是一条隧道和一系列走廊。1974年首次开挖，内有五个小湖泊，但不对公众开放，因为湖中栖息着一种稀有的甲壳类动物——studniczek tatrzanski（意为"塔特拉的井底之蛙"）。龙穴的最后一个区域是C室，据说这是古代宴会厅的一部分。

军械馆

作为欧洲军事战略的中心地带，瓦维尔必须拥有一个库存充足的军械库。第一个展厅主要有长矛、戟和长枪，以及双手剑。这些武器旁边展示着几件属于世俗和教会统治者的盾形纹章。

第二个展厅里有一系列令人印象深刻的盔甲。这些盔甲是为17世纪著名的波兰翼骑兵制作的，采用金属板而非链甲。其中一套盔甲甚至配有"翅膀"，木框上覆盖着羽毛，这使他们在战斗中显得格外威猛。军械馆的第三部分展示了更多的武器，其中最为稀有的是一种独特的亚美尼亚军刀。

王室珍宝库

靠近军械馆的是王室珍宝库,这里曾是波兰王国独立,以及后来波兰和立陶宛联邦的象征,但如今它只是一个展览馆。王室珍宝库在14世纪之后的历史中尤为重要,当时它是瓦维尔王权的标志,里面有王冠、权杖、宝珠、宝剑、福音书,甚至还有一个为统治者施膏的特殊托盘。遗憾的是,1795年,入侵的普鲁士军队闯入王室珍宝库,损毁了宝库中的大部分物品。几乎所有的珍宝都遗失了,如今的展品是1930年新收集的一批物品。虽然这些展品只能让人略窥其昔日的辉煌,但它们中也确实包含了一些特殊的文物,包括一把用于加冕波兰君主的传奇宝剑。

王宫寓所

瓦维尔城堡为款待国王的客人们专门准备了四个房间，它们是哥特式和文艺复兴式建筑的混合体。其中有两个房间被称为"鸡脚厅"，位于城堡中被称为"母鸡腿"的区域。任何在这里过夜的客人都可以将克拉科夫老城的全景尽收眼底。据传，国王们会在这里独坐，思考当时的重大问题。

时光荏苒，数百年过去，坐在"鸡脚厅"的不再是国王，而是一个名叫汉斯·弗兰克的纳粹分子。"二战"期间，波兰西部被德意志第三帝国入侵，克拉科夫被选为波兰西部的首都。弗兰克成为该市的总督，并将瓦维尔城堡作为他的总部。弗兰克是个浮夸且狂热的反犹分子，曾担任希特勒的法律顾问，占领波兰后，他乘坐一辆黑色凯迪拉克抵达波兰，并让妻子布丽吉特自封为波兰女王（Königin von Polen）。他的政府以"鸡脚厅"为中心，他还为自己建造了一间办公室，该办公室现在是一个图书室。战争期间，大量艺术品遭纳粹掳夺或损毁，所幸城堡未被毁坏。

另一个王宫寓所是圆柱厅。16世纪，这里主要是存放城堡中所有银器的仓库，两个世纪后，它的作用发生了变化，在改建成更正式的场所时，还增加了圆柱，这些圆柱散发着古典主义的气息，周围还挂着历任波兰国王的肖像。

更多的遗产和历史
发现波兰的更多魅力

76

克雄日城堡

  这座城堡位于瓦乌布日赫（Wałbrzych），四周环绕着美丽的瓦乌布日斯基山。城堡建于1292年，经历了多次战争的血雨腥风。如今，这里已成为一片宁静的建筑群，等待着你去探索。

佐查城堡

在 18 世纪一场毁灭性的大火之后,这座拥有 500 年历史的城堡几乎毁于一旦。如今的城堡经过原貌修复,现已成为一家酒店和博物馆。可以在酒窖里参加蜂蜜酒品尝活动。

克维曾城堡

对于那些对条顿骑士团感兴趣的人来说,克维曾城堡是一个理想的目的地。这座保存完好的 14 世纪建筑是条顿骑士团建筑的杰作。这里充满了浓厚的中世纪风格,绝对值得一游。

戈武胡夫城堡

虽然历经多次修复,但戈武胡夫城堡仍然是一道亮丽的风景线。如今,城堡内藏有供游客观赏的古代花瓶等艺术品,周围则环绕着美丽的景观公园。

马尔堡城堡

在近 150 年的时间里,马尔堡一直是条顿骑士团的总部所在地。这里历史悠久,是波兰的必游之地,你可以在这里轻松度过几个小时。

探索之地

十字军城堡

参观中东和东地中海的这些遗址

博德鲁姆城堡

由于担心塞尔柱土耳其人的入侵，驻扎在罗得岛的圣约翰骑士团认为有必要在大陆建造一个要塞，补充他们的岛屿基地。因此，15世纪初他们开始修建圣彼得鲁城堡（原名），德国建筑师海因里希·施莱格尔霍尔特（Heinrich Schlegelholt）设计了要塞的外墙。

至于材料，工人们从附近华丽但却被地震毁坏的希腊毛索洛斯陵墓（Mausolus Mausoleum）获取，并将其用于城堡的外墙装饰，这些装饰至今仍能看到。1494年，城堡首次加固时使用了陵墓更多的材料，当时的建造者试图加厚城墙以抵御敌人的炮弹。

当来自其他国家的圣约翰骑士团成员参与其中时，城堡的多国风情得以延续。法国、德国、意大利、英国人建造了风格各异的塔楼，塔楼上装饰着雕刻和纹章，其中包括英国国王亨利四世的纹章。这些塔楼现在是水下考古博物馆的一部分，该博物馆主要研究古代沉船。

票价 25 土耳其里拉
开放时间 除周一外，每天上午9时—下午4时30分

西顿海城堡

这座位于西顿港附近的非凡城堡饱经战火摧残,再加上自然的侵蚀,如今残存的遗迹只能依稀透露着它昔日的辉煌。在其鼎盛时期,它是一座风景如画的岛屿堡垒,由十字军于1228年在腓尼基神庙旧址上开始修建,用于保卫城市的港口。

不过,尽管堡垒外部的装饰已经消失,许多其他原有特征也早已不复存在,但西顿海城堡仍然给人留下了深刻的印象,这要归功其用于加固的罗马柱、坚固的石堤以及东西塔楼,后者保存得更为完好,让人得以一窥过去的景象。

1291年,马穆鲁克人担心十字军会夺回这座城堡,恢复对地中海沿岸的军事控制,因此摧毁了城堡的大部分,但黎巴嫩山酋长国领导人法赫尔·阿尔丁二世在17世纪对城堡进行了修缮。不过,城堡再次遭到了破坏——1840年被英国海军的炸弹击中——然而它仍然是此处的象征性标志。

票价
成人4000黎巴嫩镑;10岁以下儿童免费
开放时间
每日上午9时—日落

83　凯拉克城堡

这座十字军堡垒建于12世纪中叶，位于高高的山脊上，是控制大马士革、埃及和麦加之间贸易路线的绝佳地点。它位于死海以东，是法兰克建筑的早期典范，由耶路撒冷王国奥尔特雷约尔丹的领主管家帕根下令建造，他于1142年将凯拉克城堡作为自己的领地。

修复和挖掘意味着部分区域不对游客开放。除了可以欣赏到后来被称为"黎凡特"的壮丽景色外，穿过城堡昏暗的迷宫般的小通道，还有很多值得一看的地方（由于信息板很少，建议在导游的陪同下参观）。

城堡的原始部分主要分布在城堡的北部和东部，包括带有巨大拱门的北墙、教堂、地牢和角楼，角楼是由帕根的侄子莫里斯和米利的菲利普男爵增建的。

票价
成人4000黎巴嫩镑；10岁以下儿童免费

开放时间
4月—9月 上午8时—下午7时
10月—3月 上午8时—下午4时

科洛西城堡

84

塞浦路斯堪称十字军城堡的温床，拥有此类城堡不下九座，其中一座位于科洛西村。据了解，法兰克军队最初于1210年建造了这座城堡，如今虽仅存内院和三层高的主堡，但它周围的葡萄园却引人注目——这是因为圣殿骑士团在14世纪初曾在这些土地上短暂种植葡萄，并生产和出口一种名为"康曼达利"（Commandaria）的甜酒。这座城堡确实有着丰富的历史，它曾是医院骑士团的军事要塞，1291年阿克城沦陷后成为他们的大指挥所。1306年至1313年间，城堡被授予圣殿骑士团，后又被归还，并用作住所。直到1454年由耶路撒冷的圣约翰骑士团重建。如今，游客可以参观城堡内的大厅和雕刻在墙壁上的盾形纹章。还可以爬上城堡顶端欣赏美景，那里的景色会让你不虚此行。

票价
2.50欧元

开放时间
4月—9月 上午8时30分—下午7时30分
10月—3月 上午8时30分—下午5时

85 贝尔沃要塞

以色列拥有的十字军城堡比其他任何国家都要多,但贝尔沃要塞是其中保存最完好的。它位于以色列北部的战略要地,1168年奉医院骑士团大团长之命开始修建。它也是采用同心圆设计建造的——实际上是城堡中的城堡。外墙低于内墙,这样弓箭手就可以俯瞰并射击。角楼的加固使防御更加有效。

即便如此,城堡还是被摧毁了。经过18个月的围攻,城堡最终于1189年投降,之后由于担心被再次征服而拆毁。1240年,城堡被交还给十字军,但他们缺乏修复的资金,因此城堡继续衰败。

今天的城堡是经过挖掘修复后的结果,从巨大的拱门和俯瞰护城河的桥梁,到各种防御工事,有很多值得一看的地方。这里没有蜂拥的游客,甚至可以自己独享这片宁静之地。

票价
成人22以色列新谢克尔;儿童10新谢克尔

开放时间
4月—9月 上午8时—下午5时
10月—3月 上午8时—下午4时

格里普斯霍尔姆城堡

这座城堡不仅拥有保存最完好的18世纪剧院，还拥有大量的肖像画

玛丽弗雷德
瑞典

大卫·克鲁克斯

票价
130 瑞典克朗

开放时间
上午10时—下午4时，
冬季的开放时间会有更多限制

格里普斯霍尔姆城堡位于梅拉伦湖（Lake Mälaren）南岸，由红砖砌成，四角建有气势宏伟的绿色铜顶塔楼，是瑞典最受欢迎和最引人注目的建筑之一。几个世纪以来，这里一直是王室居所，也曾被长期用作监狱。如今，它是一座博物馆，收藏了瑞典一些最精美的肖像画和艺术作品，成为一个热门景点。

▼城堡的外观暗示了它在过去岁月中的不同用途

城堡距离玛丽弗雷德小镇中心仅几步之遥，这座小镇本身就是一个优雅且风景如画的旅游目的地，仅有三千多名居民。城堡雄踞该地区，不愧为瑞典的国家象征之一。穿过木吊桥，走过拱门，进入城堡华丽的庭院时，还未了解它曲折的历史，就能立刻近距离地感受到城堡的宏伟气势。

如今所看到的景象是几个世纪以来城堡用途不断变化的缩影，这也是为什么从某些角度看，城堡乍一看就像是一组风格迥异的建筑之集合。它最初是由王室委员会主席兼梅拉伦湖流域的总督博·琼森·格里普（Bo Jonsson Grip）于14世纪70年代建造的一座防御性城堡，城堡也以他的名字命名。当时，丹麦和挪威的入侵威胁持续不断，人们希望这座城堡能够有助于保护通往斯德哥尔摩的西部通道，尽管在城堡建成后的大部分时间里，这里实际上非常和平。

格里普权势显赫，控制着十几个这样的要塞，横跨广袤土地，其中也包括整个芬兰。然而，在他死后的某段时间里，这座城堡于1404年卖给了卡尔玛联盟的创始人玛格丽特女王，该联盟联合了丹麦、瑞典和挪威王国。1472年，瑞典政治家长者斯滕·斯图雷（Sten Sture the Elder）购得了这座城堡，从1498年起，在将近30年的时间里，它一直是卡尔图斯骑士团的男性修道院，直到1526年瑞典国王古斯塔夫一世得到这座城堡。

古斯塔夫一世对城堡进行了第一次重大改造。1537年他下令将城堡拆除重建，要求在建筑大师亨利克·冯·科伦（Henrik von Köllen）的指导下，按照文艺复兴建筑风格进行改造，整个过程历时八年。尽管原来的中世纪堡垒只剩下一面外墙，但冯·科伦还是确保了新城堡及其房间富丽堂皇，符合国王的身份，因为这里将成为王室的主要居所之一。不过在冯·科伦精致的内部装修中，如今只有国事厅的彩绘天花板保留了下来，但它仍能很好地展示科伦及其团队对城堡所投入的心血。

游客穿过蜿蜒的通道时，实际上是进行了一次穿越时间的旅行。1563年至1567年间，国王埃里克十四世曾在这座城堡里囚禁过自己的弟弟约翰及弟弟的王后凯瑟琳·雅盖隆；但1568年约翰废黜国王并夺取王位后，前国王从1571年起在这里被囚禁了三年。

约翰的弟弟查尔斯公爵在城堡里有一间卧房，至今仍是瑞典保存最完好的室内装饰之一。这里几乎原封不动地摆放着16世纪70年代的原始家具，镶木板的墙壁和嵌入式床铺上方的天花板上装饰着艺术品。此外，房间的墙边还摆放着绿色长凳，墙面上一幅花卉图案装饰画高高延伸到房间上部，其历史可追溯到1573年。

17世纪时，这座城堡被赠予古斯塔夫二世阿道夫的遗孀玛丽亚·埃莉奥诺拉（Maria Eleonora）王后以及后来的海德维格·埃莉奥诺拉（Hedvig Eleonora）王后。在这两位王后中，海德维格对城堡的改建做得更多，她于1691年加建了王后翼

▲ 查尔斯公爵的房间保持着 1570 年的原貌

楼。在 18 世纪城堡被用作监狱数年之后，国王古斯塔夫三世决定对城堡进行翻新，因为他打算在城堡中度过很长时间。他为这座建筑制定了宏伟的计划——其中一些计划从未实现——正是在他执政期间，这座城堡最引人注目的项目之一得以建成：令人惊叹的格里普斯霍尔姆剧院于 1781 年左右建成。

这座剧院真的需要亲眼见过才能充分欣赏。最初的剧院是由建筑师卡尔·弗雷德里克·阿德尔克兰茨（Carl Fredrik Adelcrantz）在 1772 年设计的，但古斯塔夫三世认为它太小了。第二座剧院由瑞典建筑师埃里克·帕姆斯特德特（Erik Palmstedt）设计，他从意大利维琴察的奥林匹克剧院（Teatro Olimpico）汲取了灵感。

这座设备齐全的剧院建在一座圆塔内。新古典主义风格的圆形剧场有 60 个座位，专为特定的嘉宾预留，此外还设有供仆人观赏的圆顶空间。最后一场演出是 1785 年上演的戏剧《克里斯蒂娜女王》，舞台布景和当时使用的精巧舞台机械都完好无损。能看到它们保存得如此完好真是令人激动。

古斯塔夫三世还希望在城堡中留下自己的印记。他创建了自己的圆形沙龙，沙龙的墙壁上悬挂着他本人及同时代人物的巨幅画像，这些肖像位于巨大的凹窗之间，周围铺设着华丽的木质装饰地板。1792 年古斯塔夫三世遇刺身亡后，古斯塔夫四世阿道夫继位，他最后被囚禁在城堡长达九个月，于1809年退位，并在城堡里签署了退位意向书。游客可以在城堡的议会厅里看到他用于签署退位意向书的公桌，桌面上镶嵌着象牙、珍珠和玳瑁。

到了1822年，城堡作为国家肖像画廊向公众开放，并继续收藏世界上最古老的艺术品。如今，在这里可以欣赏到5000多幅肖像画，包括每一位瑞典国王、王后以及众多著名的瑞典人。

威斯特伐利亚画廊（Westphalian Gallery）的墙壁上挂满了70幅肖像，他们是17世纪40年代寻求和平谈判的人。

不过，现在这座城堡作为画廊也并非没有争议。1889年至1894年，建筑师弗雷德里克·利耶克维斯特（Fredrik Lilljekvist）下令拆除了17—18世纪的一些改建部分，他希望尽可能地将城堡恢复到16世纪的原貌。为了重现其文艺复兴时期的风貌，他重塑了以前的细节，并在内庭院的墙壁上添加了文艺复兴风格的新装饰。此外，还新建了第三层，但遗憾的是，这项工程并没有得到认可。作家维尔纳·冯·海登斯塔姆（Verner von Heidenstam）对此提出严厉的批评，他称所有这些改动都是"历史的伪造"。

▲ 直到今天，剧院还保留着1785年在此最后一场演出的布景

▲ 城堡的入口处是进一步了解这座神秘建筑的第一步

尽管如此，这项改动工程如今已成为城堡跌宕起伏的历史的一部分，它至少让游客有机会看到与文艺复兴时期装饰风格相似的国事厅和寓所。为了增加真实性，还将那个时期其他王室居所的艺术品和家具搬到了格里普斯霍尔姆城堡。这样一来，就可以在一个地方欣赏到不同瑞典风格的物品，这些物品的历史跨越了400年。

事实上，凭借其雄浑的气质，格里普斯霍尔姆城堡已成为瑞典王室历史的一个重要象征，虽然瑞典王室如今已不再使用这座城堡。

在城堡周围区域，可以参观霍尔特哈根自然保护区（Hjorthagen Nature Reserve）的皇家鹿群，或者在正门外停下来看看维京纪念石碑。其中一块石碑于1730年被发现，并于1926年移至现在的位置。这是这一地区的另一段历史。

格里普斯霍尔姆城堡的狮子

当国王的狮子死后被送去进行标本制作时，那个标本制作师显然从未见过这样的动物

别担心：格里普斯霍尔姆城堡里确实有一只狮子，但当你看见它时可能听到的唯一吼声却是欢快的笑声。毕竟，当你看到在18世纪早期这只狮子死后，负责为瑞典国王弗雷德里克一世填充制作这只猛兽标本的制作师的作品时，还能有什么其他反应呢？这只狮子是1731年阿尔及尔酋长赠送给国王的，它最初被关在斯德哥尔摩市中心动物园岛（Djurgården）的皇家狩猎公园的笼子里。不幸的是，标本制作师从未见过活狮子，他只处理过狮皮和一些骨头。于是，他根据自己的想象制作出一只滑稽的狮子——狮子的脸显得非常搞笑，眼睛似乎向右瞟，舌头调皮地伸出，远离嘴巴，但它无疑是参观格里普斯霍尔姆城堡的一大亮点。这只狮子标本至今仍在那里展出，给所有看到它的人带来了欢乐。

意大利城堡

穿越时空,探索意大利的最美风景

米拉马雷城堡

一座适合未来皇帝的城堡

里雅斯特,意大利

87

米拉马雷城堡坐落在伸入里雅斯特湾的一小块陆地上,这是一座19世纪的新哥特式城堡,曾是奥地利大公马克西米利安(Maximilian)的居所,马克西米利安后来成为墨西哥皇帝。在这里,你可以领略这座皇家宫殿的奢华,包括红丝绸装饰的王座厅、华丽的东方风格的客厅以及占地22公顷的景观花园,里面种满了珍稀的异国树木。

票价 成人8欧元;优惠价2欧元
开放时间 上午9时—下午7时

奥尔西尼-奥德斯卡尔基城堡

一座城堡承载数百年的历史

拉齐奥，意大利

这座城堡美轮美奂，一直是富豪和名人的婚礼举办地，所以为何不在奥尔西尼-奥德斯卡尔基城堡周围漫步，领略这里神奇的魅力呢？虽然周末和节假日的门票价格中包含了导游服务，但独自游览也是一种享受。你可以在一座城堡中了解意大利数百年的历史。穿过宏伟的接待厅，充满敬畏地凝望那些令人惊叹的壁画，然后前往空中花园，欣赏附近布拉恰诺湖（Lake Bracciano）的美丽景色。

票价
普通票价 8.5 欧元；优惠价 6 欧元

开放时间
上午10时—下午5时、6时或7时

埃斯特城堡

一座位于博洛尼亚附近的美丽建筑

89

费拉拉，意大利

埃斯特城堡建于14世纪晚期，15世纪晚期，它已成为埃斯特家族的住所。城堡位于费拉拉镇的中心，距离美丽的博洛尼亚市不远，现在被用作政府办公场所，但部分区域仍对公众开放。走过护城河上的吊桥后，就可以进入这座中世纪堡垒进行探索。可以参观巨人厅（Sala dei Giganti），参观宽敞的公爵厨房，然后在阴暗潮湿的地牢里停留一会儿。接着攀登狮子塔（Torre dei Leoni），登上122级台阶后会看到费拉拉的壮丽景色。还可以在一座文艺复兴风格的庭院中漫步，欣赏壁画，并在"毒药小屋"中对其装饰惊叹不已。

票价
8欧元

开放时间
上午9时30分—下午5时30分；10月—2月的周一闭馆

蒙特城堡

地中海奇观

安德里亚，意大利

位于意大利"靴跟"（将意大利地图看作一只靴子）的一座岩石山顶上矗立着一座城堡。沐浴在地中海的阳光下，蒙特城堡在郁郁葱葱的绿色田野中显得格外引人注目。设计建造这座城堡的是神圣罗马帝国皇帝腓特烈二世，他设计了一座完美的八角形建筑，并按照数学和天文学的精确布局将其安置在普利亚大区（Apulia）。蒙特城堡于1240年完工，其外形独特，内部装饰也同样引人注目。东西方当时的传统在这里融合，展示了这位学者皇帝所推崇的文化交汇。城堡内还有一个中世纪东方发明的水力装置，腓特烈二世将其用于沐浴。虽然这座城堡位于乡村，但它确实不容错过。如果前往普利亚，一定要把这座令人惊叹的建筑和历史奇观加入行程单中。

票价
成人10欧元；优惠价3.5欧元

开放时间
10月—3月 上午9时—下午6时30分；
4月—9月 上午10时15分—下午7时45分

斯卡利杰罗城堡

意大利北部的湖畔胜地

锡尔苗内，意大利

在延伸至加尔达湖宁静水域的一个狭长半岛上，坐落着意大利保存最完好的城堡之一：斯卡利杰罗城堡。这座城堡既坚固又美丽，实在难以让人错过。湖水拍打着石墙的边缘，还有一个小型人工港口，最初是为了保护维罗纳舰队而设计的。

进入城堡需要穿过吊桥，沿着146级台阶爬上城垛。如果爬得再高一点，就能欣赏到锡尔苗内小镇和湖泊的壮丽景色。

票价
6欧元

开放时间
周二—周六 上午8时30分—下午7时30分；
周日 上午8时30分—下午1时30分

阿拉贡城堡

阳光下岛屿上的堡垒

伊斯基亚，意大利

有多少城堡拥有自己的岛屿？意大利那不勒斯湾的阿拉贡城堡就是为数不多的其中之一。这座城堡依山而建，立于岩石峭壁之上，令人惊叹，其历史已有近2500年。中世纪，它曾归阿拉贡王室所有，最终在1441年建成了连接岛屿和大陆的桥梁。阿拉贡城堡因其战略地位而充满历史气息，今天的游客可以一窥其激动人心的过去。这座堡垒曾经是监狱、家族庄园和战场——还有更多的历史等待你去发现。

票价
成人10欧元；儿童6欧元

开放时间
上午9时至日落

费尼斯城堡

奥斯塔山谷独一无二的奇观

费尼斯，意大利

　　走近费尼斯城堡时，首先映入眼帘的是宏伟的城墙和塔楼，但在巍峨的阿尔卑斯山的映衬下，任何的威胁感都消失殆尽。这座小型的堡垒建筑群坐落在奥斯塔山谷，位于欧洲最著名山脉的脚下，距离勃朗峰不到一小时车程，周围是绿意盎然的田野。

　　这座城堡建于13世纪，后由统治该地区的当地贵族查兰特家族不断扩建。费尼斯城堡拥有奢华的庭院、卫兵宿舍、餐厅和巨大的厨房，还有许多其他城堡所没有的东西——征税室，因为这是该建筑的主要功能之一。不过，不要因为它过去的功能可能有些枯燥乏味而对它望而却步——15世纪圣乔治勇猛屠龙的壁画绝对值得一游。

　　参观这座城堡唯一的方式是参加导览之旅，但这绝对不虚此行。

票价
成人7欧元；儿童2欧元

开放时间
4月—9月 上午9时—下午7时；10月—3月 周二—周日 上午10时—下午1时，下午2时—5时

霍恩沃芬城堡

沃芬
奥地利

票价
成人 16.50 欧元；儿童 9.50 欧元

开放时间
上午 9 时 45 分—下午 5 时 45 分

霍恩沃芬城堡的一些建筑可以追溯到 11 世纪。1898 年，一位大公买下了这座城堡，并将其改造成庄园。"二战"期间，它被纳粹用作军事训练中心，1945 年至 1987 年，它被萨尔茨堡警察学校接管。如今，来自世界各地的游客都会前来参观，从萨尔茨堡驱车不到一个小时就能到达，它会让你在阿尔卑斯山上度过有趣的一天。

在废墟中漫步

探访城堡的过去，
回到历史上最动荡的时代

废墟中的城堡总有某种神秘的魅力。从原始海滩边缘的城垛，到几乎完全被大自然吞噬的堡垒，你会发现有很多神秘的废墟等待探索。你可以沉浸在身临其境的感觉中，感受独特而又激动人心的故事，也可以将废墟作为背景，在平台上发布一篇有趣的帖子——在这些令人惊叹的城堡遗迹中花费一天时间，你一定不会后悔。

科夫城堡曾有一条铁路,从城堡脚下穿越

科夫城堡

探寻英国内战对这个保皇党权力中心的影响

95

多塞特郡,英国

在风景如画的科夫堡村的中心矗立着科夫城堡,一座巍峨的诺曼城堡遗址。科夫城堡是英格兰最早使用石头建造的城堡之一,城堡的灰色岩石使其屹立了一千多年。在整个中世纪,科夫城堡对英国的统治王朝都非常重要。它是五座皇家城堡之一,约翰国王(1199—1216年在位)曾将王冠珠宝藏匿于此。伊丽莎白一世女王出售了这座城堡,很快它便落入班克斯家族之手。英国内战期间,玛丽·班克斯(Mary Bankes)在城堡被围困的三年里一直坚守,直到她被自己的手下出卖。城堡随后被议会党人从内部炸毁。如今,游览科夫城堡的最佳时间是清爽的秋晨,村庄还在沉睡时,能欣赏到城堡遗迹从薄雾中升起的壮观景象。城堡内还会举办各种活动,让游客体验中世纪的氛围。结束一天的行程后,可以在"国民信托"的茶室里品尝一杯正宗的多塞特奶油茶。

票价 10英镑
开放时间 上午10时—下午6时

弗朗戈卡斯特罗堡

位于阳光明媚的克里特岛南部,非常适合全家出游

96

克里特岛,希腊

在克里特岛悠闲的南部,有一座名副其实的沙堡——弗朗戈卡斯特罗堡。中世纪威尼斯人占领克里特岛时,曾竭力控制这座叛乱的岛屿。除了岛上天生强悍的希腊人外,他们还不得不应对海盗和土匪。12世纪70年代,在海滩上修建了弗朗戈卡斯特罗堡,以防范海盗。然而,有传言说,以帕索斯兄弟为首的一群反叛者每晚都去城堡破坏威尼斯人建造的东西。城堡最终完工后,当地人给它起了一个贬义的绰号——Frangokastello,意思是"天主教外国人的城堡"(即法兰克人的城堡)。这个名字就这样沿用了下来。

750年后,弗朗戈卡斯特罗堡的外墙依然存在,内部建筑的一些地基也依稀可见。参观完城堡后,可以在沙滩上放松一下。这里的海滩拥有碧蓝的海水和平缓的浅滩,是不容错过的好去处。

票价 2欧元
开放时间 5月—10月上午9时—下午7时

戈尔康达堡

这个建筑群占据了整座山丘，曾一度监控着海得拉巴奢华的钻石贸易

海得拉巴，印度

经库特布沙希王朝的修建，原本简陋的泥堡在16世纪末变成了一个庞大的花岗岩建筑群，外墙绵延五公里。不仅如此，城堡的大门上还装有铁钉，以阻挡战象，城堡内的声学设计也极为巧妙，即使最细微的声音也能传遍整个建筑群。

但是，为什么苏丹如此热衷于守卫这个看似不起眼的地方呢？答案就在于这片土地。海得拉巴曾被誉为世界钻石贸易的中心，后来成为维多利亚女王的"王冠上的明珠"。这座堡垒毗邻巨大的戈勒尔钻石矿，城堡金库中曾藏有"科希诺尔"（波斯语，意为"光明山"）和"希望"钻石。在戈尔康达生活和工作的人们要确保钻石贸易不受外部势力的威胁。

然而，到17世纪末，戈尔康达堡被入侵的莫卧儿帝国围攻，因而逐渐破败。如今，它已成为海得拉巴顶级的景点之一，在这里可将整个城市五光十色的全景尽收眼底。每当夜幕降临，一场声光秀会照亮宫殿，讲述着这座城堡的故事。

票价 印度人15卢比；外国人200卢比
开放时间 上午8时—下午5时30分

斯皮什城堡

这里曾是国王的宫殿,后被大火烧毁

98

杰赫拉,斯洛伐克

12世纪,斯洛伐克还是匈牙利王国的一部分,匈牙利国王建造了这座坚不可摧的堡垒。斯皮什城堡的重要性与日俱增,不久便成为整个地区的权力中心。这座城堡堪称宏伟——主要建筑包括一座两层的罗马式宫殿,还有一座拥有三个中殿的大型哥特式教堂。所有这些建筑都有一道石墙保护,这道墙在1241年成功抵御了鞑靼人的入侵。城墙内,国王们在这里生活、工作、祈祷。1464年,匈牙利王国将城堡卖给了一个强大的家族——扎波利亚家族,他们将斯皮什城堡改造成了一座豪华的贵族府邸。

城堡在数年间历经了多任主人,直到18世纪初最后一任主人恰基家族(Csáky)搬离城堡。1780年,一场神秘的大火将城堡化为废墟。有人说这是一场意外,但也有人说是恰基家族为了逃避建筑税而故意纵火。无论真相如何,斯皮什城堡都值得一游——这座山顶堡垒是昔日匈牙利王国权力的象征。

票价 成人8欧元;儿童4欧元
开放时间 4月—9月上午9时—下午4时

圣洛伦索堡

99

这个曾经举足轻重的殖民地贸易站，如今只留下了一个废弃的村庄

科隆，巴拿马

　　巴拿马长期以来在贸易中一直扮演着重要角色，圣洛伦索堡保护西班牙王室在巴拿马领土运输的黄金免遭海盗劫掠。在这座堡垒的庇护下，一座名为查格雷斯的小镇逐渐兴起。17世纪对于这座堡垒和小镇来说是一个动荡的时期；英国士兵和海军经常袭击这里，企图夺取黄金。然而，西班牙人没有被打败，他们多次重建了这座堡垒。

　　随着附近巴拿马运河的开通，查格雷斯和圣洛伦索堡的重要性逐渐消失。现存的遗址可以追溯到18世纪，这些被茂密植被覆盖的防御工事别具韵味，非常值得一探究竟。

票价 5美元
开放时间 上午8时—下午4时

卡米涅克城堡

卡西米尔大帝的城堡在波兰喜剧中占据了中心舞台

奥德兹康,波兰

这座14世纪的城堡在中世纪历经了许多家族的传承,但没有哪个家族像斯科特尼基家族那样遭遇了麻烦。这个家族拥有卡米涅克城堡的上层,而他们的竞争对手菲尔莱伊家族则拥有城堡的中层。17世纪,扬·斯科特尼基重建了城堡上层,但他设计的屋顶会将雨水倾泻到下面菲尔莱伊家族的庭院中。在接下来的几十年里,两家一直争吵不休,直到1638年两家联姻才解决了纠纷。波兰作家亚历山大·弗雷德罗在其喜剧《复仇》中将这些争吵定格在了戏剧文学中。

票价 8兹罗提
开放时间 上午9时30分—下午6时30分

如今,可以看到城堡上层和中层的遗迹

贝尔福特城堡

多洛米蒂山脉间早期现代城堡

斯波尔马乔雷，意大利

101

自1311年起，在特伦托市附近的这片险峻的土地上就有一座城堡。不过，18世纪的一场大火彻底烧毁了原始的城堡，所以今天看到的废墟实际上是萨拉切尼家族在18世纪重建的城堡的遗迹，因此，它的外观显得相当现代。

萨拉切尼家族的城堡在拿破仑时代被废弃，但传说仍有一个人留在这里——15世纪一位发疯的贵族克里斯托弗罗·阿尔茨波尔（Cristoforo Altspur）。他患有妄想症，想要杀死自己的妻子，因为他认为妻子不忠。传说他的鬼魂至今仍在城堡中游荡，寻找妻子不忠的证据。

票价 免费
开放时间 一年四季

图片所属

28页	© Adrian Mann
46—48页	© Alamy; Getty Images; Shutterstock
126页	© Christian Gluckman / Centre des monuments nationaux
118、158页	© Shuttetstock, Alamy
173页	Credit. wiki. ASaber91
177页	Credit. wiki. Ahmed Al.Badawy